SPACE STARS AND SLIMY ALIENS
by Nick Arnold, illustrated by Tony De Saulles

Text copyright ⓒ 2003 by Nick Arnold
Illustrations copyright ⓒ 2003 by Tony De Saulles
All rights reserved.
Korean translation copyright ⓒ 2007 by Gimm-Young Publishers, Inc.
This Korean edition was published by Gimm-Young Publishers, Inc.
in 2007 by arrangement with Scholastic Ltd. through EYA(Eric Yang Agency), Seoul.

이 책의 한국어판 저작권은 에릭양 에이전시를 통한 Scholastic Ltd.와의 독점계약으로
(주)김영사에 있습니다. 저작권법에 의하여 한국 내에서 보호를 받는 저작물이므로
무단 전재와 복제를 금합니다.

태양계가 티격태격

1판 1쇄 인쇄 | 2007. 5. 3.
개정 1판 1쇄 발행 | 2019. 12. 5.
개정 1판 4쇄 발행 | 2025. 5. 2.

닉 아놀드 글 | 토니 드 솔스 그림 | 이충호 옮김

발행처 김영사 | 발행인 박강휘
등록번호 제 406-2003-036호 | 등록일자 1979. 5. 17.
주소 경기도 파주시 문발로 197(우10881)
전화 마케팅부 031-955-3100 | 편집부 031-955-3113~20 | 팩스 031-955-3111

값은 표지에 있습니다.
ISBN 978-89-349-9840-2 74080
ISBN 978-89-349-9797-9 (세트)

좋은 독자가 좋은 책을 만듭니다. 김영사는 독자 여러분의 의견에 항상 귀 기울이고 있습니다.
전자우편 book@gimmyoung.com | 홈페이지 www.gimmyoung.com

이 도서의 국립중앙도서관 출판시도서목록(CIP)은 서지정보유통지원시스템
홈페이지(http://seoji.nl.go.kr)와 국가자료공동목록시스템(http://www.nl.go.kr/kolisnet)에서
이용하실 수 있습니다. (CIP제어번호: CIP2019031315)

|어린이제품 안전특별법에 의한 표시사항| 제품명 도서 제조년월일 2025년 5월 2일
제조사명 김영사 주소 10881 경기도 파주시 문발로 197 전화번호 031-955-3100 제조국명 대한민국
사용 연령 11세 이상 ⚠주의 책 모서리에 찍히거나 책장에 베이지 않게 조심하세요.

차례

책머리에	7
넓고 넓은 우주	11
놀라운 별의 비밀	25
따끈따끈한 태양	41
화끈화끈한 행성, 으스스한 행성	49
우리가 살고 있는 지구	62
지구의 유일한 위성, 달	73
화성에 과연 괴물이 살고 있을까?	86
거인 목성과 멋쟁이 토성	109
태양계 바깥쪽에 있는 괴짜 행성들	124
세계의 종말	150
끝맺는 말	163

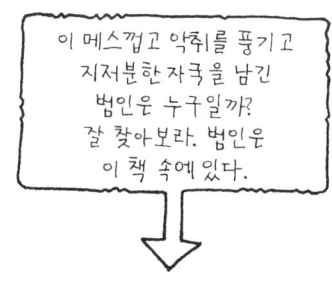

닉 아놀드는 어린 시절부터 책을 쓰기 시작했지만, 우주 공간에 관한 책을 써서 유명해지리라고는 꿈에도 생각지 않았다. 이 책을 쓰기 위해 아놀드는 별을 직접 관측했다. 뿐만 아니라 우주 비행사 훈련도 체험해 보기 위해 지원했지만 거절당했다. 그렇지만 그는 이 모든 것을 즐겼다고 한다.

〈앗, 이렇게 재미있는 과학이!〉 시리즈에 관한 일을 하지 않을 때에는 피자를 먹거나 자전거를 타거나 썰렁한 농담을 생각한다고 한다(음, 물론 이 모든 것을 동시에 하는 것은 아니다).

토니 드 솔스는 기저귀를 차고 다닐 때부터 크레용을 집어 들고 놀았으며, 그 후로 계속 낙서와 그림을 그려 왔다. 그는 〈앗, 이렇게 재미있는 과학이!〉 시리즈에 홀딱 빠져 블랙홀 속으로 뛰어드는 모험에도 기꺼이 나섰다. 다행히도 지금은 회복 중이다.

스케치북을 들고 밖으로 나가지 않을 때면 시를 쓰거나 스쿼시 게임을 즐긴다. 그렇지만 아직까지 스쿼시에 관한 시는 한 편도 쓴 적이 없다고 한다.

책머리에

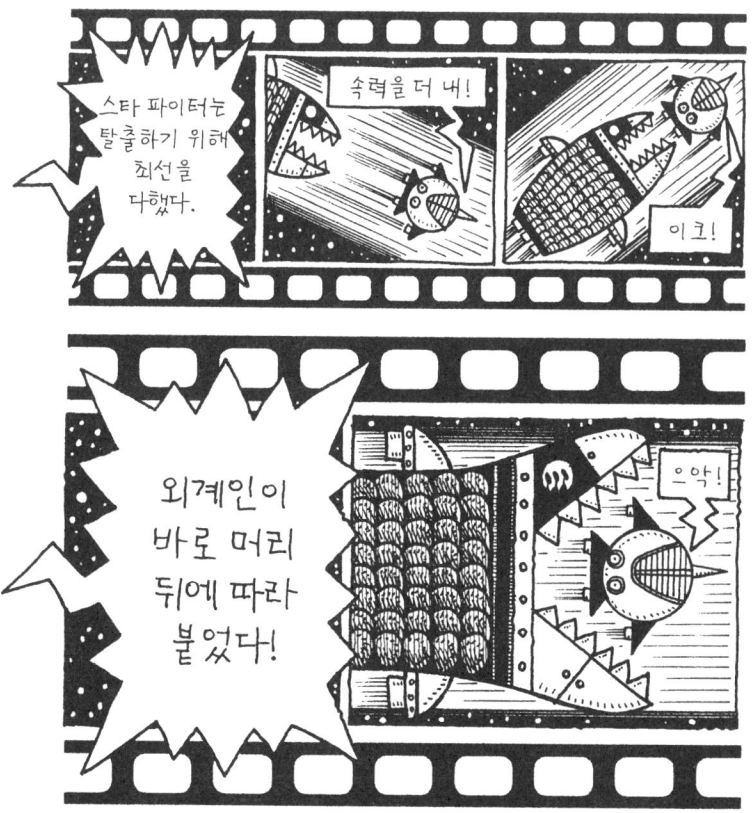

　우주를 무대로 한 SF 영화는 정말 재미있다. 여러분도 우주 공간을 질주하는 우주선이나 죽어 가는 행성 또는 흉측하게 침을 질질 흘리는 징그러운 외계인을 좋아하지 않는지? "그렇지만 저건 다 뻥이야!"라고 찬물을 끼얹는 선생님은 정말 짜증나지?
　그런데 우주 공간이 무시무시한 SF 영화보다도 훨씬 더 으스스한 곳이라는 사실은 아무도 말해 주지 않는다!

 잠깐만 기다리라. 곧 어떤 공상 과학 소설에서도 가 보지 못한 우주로 여행을 떠날 테니까. 우리의 임무는 우주가 왜 그토록 무서운 곳인지를 알아내는 것이다. 우주복을 입지 않고 우주 공간으로 산책을 나가면 왜 창자가 폭발하고 눈알이 튀어나오는지도 알게 될 것이다.

 만약 이 여행에서 여러분이 살아남는다면, 그 다음에는 지저분한 행성들과 이글이글 불타는 별들과 미친 위성들을 보게 될 것이다. 그중에는 정말로 무시무시한 장소가 많다. 그리고 또 다음과 같은 끔찍하면서도 흥미로운 사실을 알게 될 것이다.

- 태양은 어떻게 노래를 부르나?
- 은하 중심에는 정말로 블랙홀이 있는가?
- 여러분을 끈적끈적한 죽으로 만드는 별은?
- 우리 몸이 별의 먼지로 만들어졌다는 게 사실인가?

 그렇다. 이것들뿐만 아니라 이 책에 실린 많은 사실들은 전부 진실이다……. 음, 잠깐만! 우리의 우주 전문가 똑소리 씨가

할 말이 있단다.

음, 좋다! 외계인이 진짜로 있는지는 과학자들도 아직 확실히 모른다. 뭐, 꼭 진실을 알고 싶다면 솔직하게 말하겠다. 이 책에 실린 외계인 이야기는 다 내가 지어낸 것이다. 그렇지만 이 책에서는 우리가 외계인을 진짜로 만날 가능성이 있는지도 살펴볼 것이다.

외계인 이야기를 뺀 나머지 내용은 아무리 황당무계해 보일지라도 전부 사실이다. 우주 이야기가 현실과 동떨어진 이야기처럼 보이더라도 여러분은 더 많은 것을 알고 싶어 할지도 모르겠다. 혹시 아는가? 언젠가는 여러분이 우주 비행사가 되어 우주 공간으로 모험을 떠나게 될지…….

자, 그럼 흥미진진한 SF 영화를 볼 준비를 하라. 팝콘을 손에 들고 자리에 편한 자세로 앉아라. 이제 환상적인 우주 쇼가 시작된다!

넓고 넓은 우주

지구는 거대하고 검은 바다 위에 떠 있는 조그마한 파란색 공이다. 그런데 이 거대하고 검은 바다는 석탄 창고 속에 숨어 있는 성질 나쁜 검은 곰만큼이나 위험하다! 나중에 우리는 우주가 실제로 얼마나 위험한 곳인지 살펴볼 것이다. 그렇지만 우선 우주에 관한 기본적인 배경 지식부터 알고 넘어가자.

우주에는 어떤 것들이 떠 있을까?

우주에 관한 X-파일

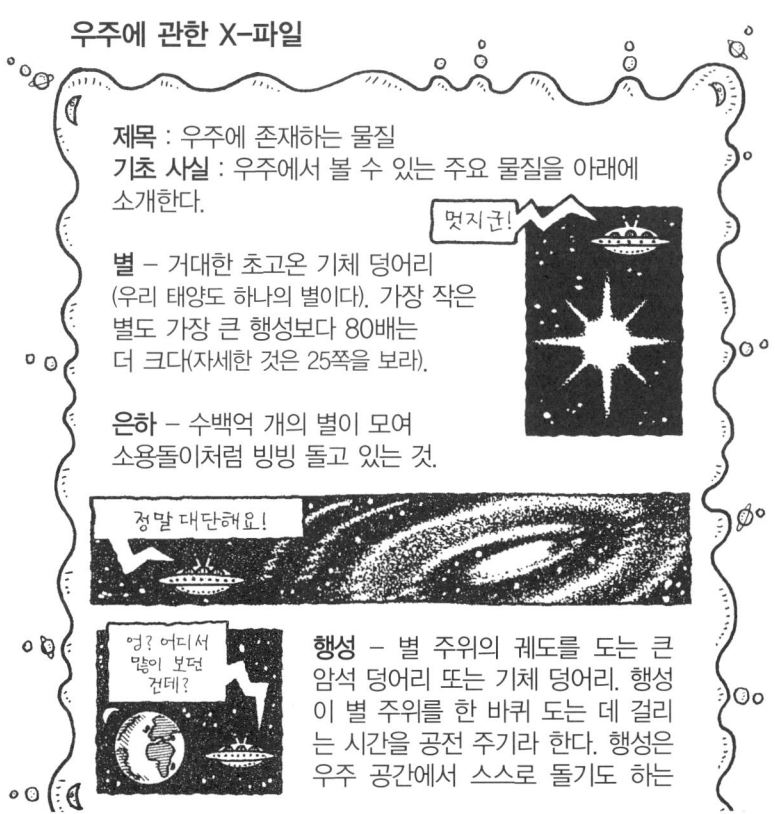

제목 : 우주에 존재하는 물질
기초 사실 : 우주에서 볼 수 있는 주요 물질을 아래에 소개한다.

별 – 거대한 초고온 기체 덩어리 (우리 태양도 하나의 별이다). 가장 작은 별도 가장 큰 행성보다 80배는 더 크다(자세한 것은 25쪽을 보라).

은하 – 수백억 개의 별이 모여 소용돌이처럼 빙빙 돌고 있는 것.

행성 – 별 주위의 궤도를 도는 큰 암석 덩어리 또는 기체 덩어리. 행성이 별 주위를 한 바퀴 도는 데 걸리는 시간을 공전 주기라 한다. 행성은 우주 공간에서 스스로 돌기도 하는

데, 한 바퀴 도는 데 걸리는 시간을 자전 주기라 한다.

태양계 – 태양과 그 주위를 도는 행성들.

위성 – 행성 주위의 궤도를 도는 암석 덩어리.

소행성 – 태양 주위를 도는 큰 암석 덩어리. 대부분은 화성과 목성 사이의 소행성대에 있다(자세한 것은 105쪽을 보라).

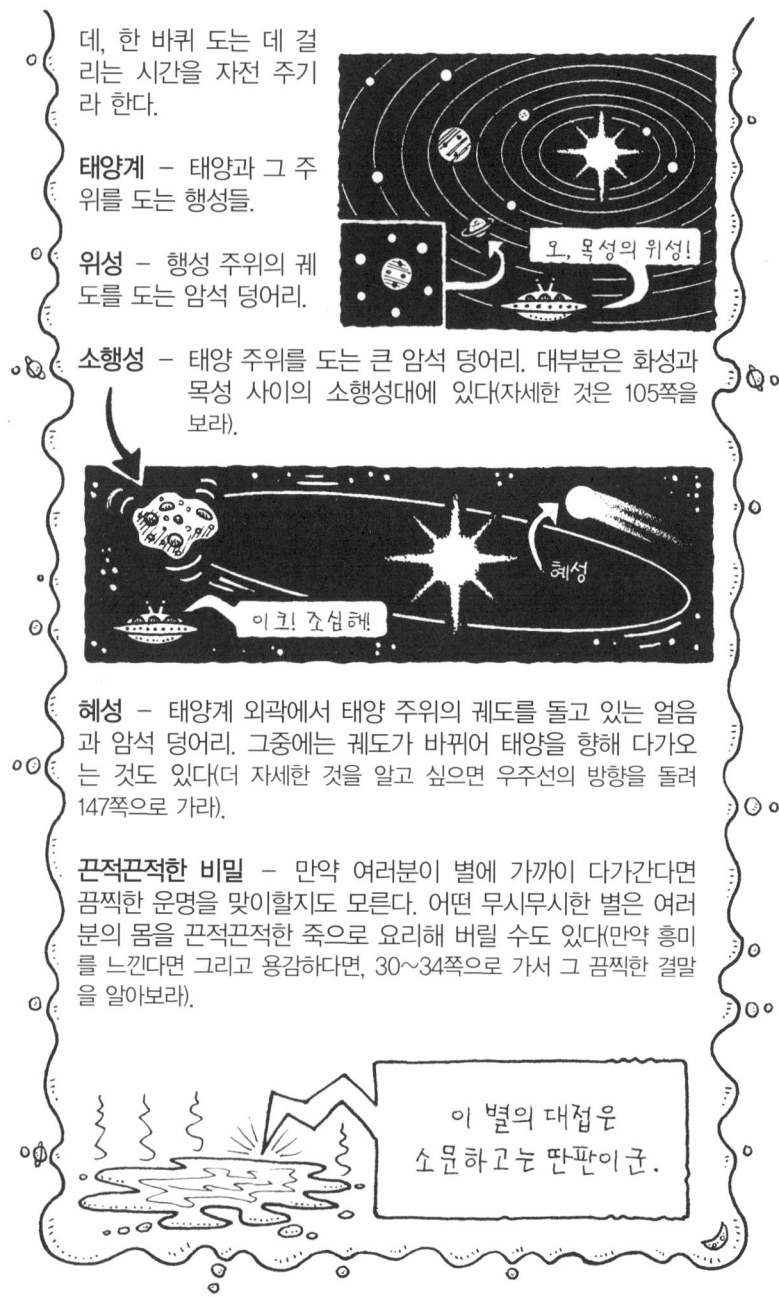

혜성 – 태양계 외곽에서 태양 주위의 궤도를 돌고 있는 얼음과 암석 덩어리. 그중에는 궤도가 바뀌어 태양을 향해 다가오는 것도 있다(더 자세한 것을 알고 싶으면 우주선의 방향을 돌려 147쪽으로 가라).

끈적끈적한 비밀 – 만약 여러분이 별에 가까이 다가간다면 끔찍한 운명을 맞이할지도 모른다. 어떤 무시무시한 별은 여러분의 몸을 끈적끈적한 죽으로 요리해 버릴 수도 있다(만약 흥미를 느낀다면 그리고 용감하다면, 30~34쪽으로 가서 그 끔찍한 결말을 알아보라).

별과의 거리가 아주 가까워서 우리가 5분 안에 방문할 수 있다면 얼마나 좋을까? 그러나 모든 별은 엄청나게 먼 곳에 있다. 우주가 얼마나 큰지 알고 싶다면 다음 실험을 해 보라.

먼저 모래알 하나를 구해 와서 (대벌레 눈알이나 동전 또는 선생님 뇌를 사용해도 괜찮다. 아주 작기만 하다면 말이다), 모래알을 손가락 끝에 올려놓고 팔을 앞으로 죽 뻗는다. 손가락 끝은 하늘로 향한다. 아직도 모래알이 보이는가? 대단 하다! 확실히 여러분은 시력이 나보다 훨씬 낫다!

이번에는 여러분의 눈이 성능 좋은 우주 망원경이고, 여러분은 지금 하늘에서 이 모래알만큼이나 아주 작은 지역을 보고 있다고 상상해 보자. 여러분은 그 안에서 별을 몇 개나 볼 수 있을까?

너무 어려울까 봐 보기를 주겠다.

a) 하나도 안 보인다. 하늘은 크리스마스 선물을 사느라 흥청망청 기분을 낸 뒤의 돼지 저금통보다 더 텅 비어 있다.

b) 2개

c) 200조 개

답 : c). 정답률을 높여라. 정확하게는 은 크기의 흔적에 약 200조 개의 별이 있다.

큰 수들에 대한 적응 훈련

이 책에는 유난히 큰 수가 많이 나온다. 도대체 얼마나 큰지 감을 잡을 수 있도록 몇 가지 예를 소개하겠다. 칙 슝 추이라는 사람은 평생 동안 와이셔츠 100만 장을 세탁소에서 다림질하다가 2002년에 은퇴했다고 한다. 상상이 가는가? 한 시간에 평균 36장씩 다림질하면서 100만 장을 다림질하기까지는 53년이 걸렸다고 한다. 그렇다면 와이셔츠 10억 장을 다림질하려면 5만 3000년이 걸린다는 계산이 나온다. 여러분 집에는 다림질할 게 그렇게 많지 않길 바랄 뿐이다.

잠시 후에 여러분의 머리를 폭발시킬지도 모를 이야길 하겠지만, 그 전에 먼저 허블 우주 망원경부터 살펴보기로 하자. 이 강력한 망원경은 1990년부터 지구 궤도를 돌고 있다. 이 망원경은 우주의 점만큼 작은 지역에서 별을 200조 개나 관측했다. 그렇다면 당연히 신문들이 대서특필했겠지?

일간 태양계 뉴스

1996년 1월 15일

어마어마하게 큰 우주!

과학자들은 최근 허블 우주 망원경이 발견한 것에 입을 다물지 못하고 있다.

하늘의 아주 작은 지역에서도 은하가 2000개나 발견되었다. 지상에 설치한 망원경으로도 수백억 개의 별을 볼 수는 있지만, 대기 중의 구름과 먼지가 시야를 방해한다. 허블 우주 망원경은 지구 대기권 밖에 떠 있기 때문에 우주의 모습을 훨씬 선명하게 볼 수 있다. 한 과학자는 "그것을 보는 순간, 내가 한없이 작게 느껴졌고, 머리가 멍해졌어요."라고 말했다. 그러고 나서 그 과학자는 물이 든 컵과 두통약을 들고 어두컴컴한 방으로 사라졌다.

그러나 이 신문은 진짜로 중요한 뉴스를 빠뜨렸다. 그것은 정말로 어마어마한 것이어서 그것을 듣는 순간 난 정말 머리가 터지는 줄 알았다!

어마어마한 이야기(안전모를 잊지 말것!)

허블 우주 망원경이 살핀 그 좁은 하늘 지역이 특별한 곳은 아니었다. 하늘의 어느 지역을 향하더라도 그 정도로 많은 별이 들어 있다. 그렇다면…… 잠깐만, 계산기가 어디로 갔지? 은하 하나에 별이 약 1000억 개 들어 있다고 하고, 우주에 존재하는 은하가 모두 400억 개라 한다면, 별의 수는 40억×1조 개나 된다는 이야기가 아닌가! 그중 많은 별에는 우리 지구처럼 그 주위를 도는 행성들이 있다. 과학자들은 우리 은하에만도 지구와 같은 행성이 10억 개는 있을 것이라고 말한다. 잠깐 기다려라, 아직 끝난 것이 아니다.

이것은 허블 우주 망원경으로 볼 수 있는 별만 이야기한 것이다. 우주 먼 곳에는 허블 우주 망원경으로 볼 수 없는 별들도 얼마든지 있을 것이다! 그런데 알고 있는가? 허블 우주 망원경에 포착된 빛 중 일부는 100억 광년 이상의 거리에서 초속 30만 km로 멀어져 가고 있다는 사실을! 그러니까 빛의 속도로 달리고 있는 것이다. 어쨌든 이 정도만 해도 벌써 골치가 지끈거리지 않는가? 그렇지만 벌써부터 머리에서 김이 모락모락 나면 곤란하다.

응답하라, 오버!

계속 더 나아가기 전에 우리가 이 전체 그림 중에서 어디쯤 있는지 알아 두는 게 좋겠다. 아하! 바로 여기에 있군!

지금 보고 있는 것은 우리 은하다. 여러분도 밤하늘에서 우리 은하를 볼 수 있다. 도시의 밝은 불빛이 없는 시골에서 밤하늘을 바라보면 안개처럼 뿌연 빛이 하늘을 가로지르며 뻗어 있는 것을 볼 수 있다. 이것을 은하수라 부르는데, 뿌옇게 보이는 점 하나하나가 모두 별이다.

우리는 우리 은하를 위에서 내려다보는 것이 아니라 옆에서 바라보고 있기 때문에, 별들이 빽빽하게 밀집해 있는 것으로 보인다(접시를 옆에서 바라본다고 상상하면 쉽게 이해가 갈 것이다).

이렇게 엄청나게 많은 별들의 무리는 폭이 10만 광년에 이른다(1광년은 빛이 1년 동안 달리는 거리로 9조 4600억 km쯤 된다). 이 때문에 외계인과 대화를 나누려면 지루함을 감수해야 한다. 우리 은하 안 어딘가에 사는 외계인과 잠깐 통화하려고만 해도 1만 년이나 걸릴 수 있기 때문이다. 그러면 전화 요금이 엄청 나올 텐데……

그런데 우리 은하는 40여 개의 은하로 이루어진 국부 은하군(국부란 한정된 아주 작은 지역을 말하지만, 국부 은하군의 폭은 무려 300만 광년에 이른다) 중 한 은하에 지나지 않는다. 또 국부 은하군은 400여 개의 은하단으로 이루어진 국부 초은하단 중 하나에 지나지 않는다. 그렇다면 이 책을 읽고 있을 외계인에게 엽

서를 보내려면 우리 주소를 이렇게 써야 하겠지…….

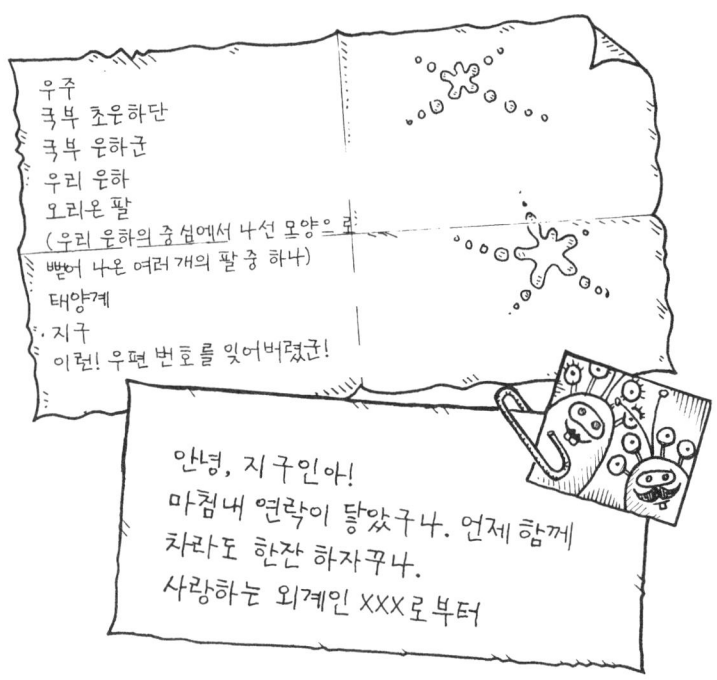

그런데 우주는 엄청나게 넓기 때문에, 그 엽서가 여러분에게 도착하려면 수백만 년이 걸릴지도 모른다.

이제 우주가 얼마나 넓은지 조금 감이 오지? 그런데 정말로 놀라운 우주 통계 자료를 소개하려고 한다. 이것은 우주가 얼마나 큰가를 보여 주는 것이 아니라, 얼마나 텅 비어 있는가를 보여 준다. 과학자들은 우주의 99.9999%가 텅 비어 있다고 말한다. 뭐야, 거의 100%라는 소리 아니야? 정말이다. 우주는 거의 대부분 텅 비어 있다! 만약 우주를 한 변의 길이가 30km인 정육면체 방으로 생각한다면, 우주의 모든 은하와 별과 행성을 다 합친다 하더라도 모래알 하나의 크기에 지나지 않는다.

자, 이제 우주에 대해 좀 알아보았으니, 얼른 우주복을 입고 우주로 나가고 싶어 몸이 근질근질하지?

그렇지만 서둘지 마라. 단지 그런 이유 때문에 수십억 달러나 나가는 값비싼 우주선에 여러분을 태워 줄 사람이 있겠는가?

그런 허락을 받으려면 엄격한 선발 과정을 거쳐 여러 해 동안 훈련을 받아야 한다. 그렇지만 그런 훈련을 받으러 오라는 연락을 기다리는 동안 바로 우주에 관한 이 훌륭한 책을 읽으면 된다. 자, 어떤 흥미진진한 이야기들이 나올까? 첫 번째 에피소드는 우주의 실제 모습을 보여 줄 것이다.

외계인 퉁가리의 모험

안녕하세요? 블러브 행성에서 온 외계인 퉁가리예요. 전 우주 여행이 취미랍니다. 지금은 은하계 여행 상품을 선전하는 일을 맡고 있어요. 아래에 저희 홍보 광고지를 소개할게요.

자, 모든 걸 싹 잊고 떠나세요!
퉁가리와 함께 하는 태양계 환상 여행

초호화 우주선을 타고 가이드가 딸린 환상적인 태양계 여행을 떠나 보세요!

- 아주 똑똑하고 총명한 가이드(뇌가 두 개나 달려 있음) 퉁가리(바로 나!) 동행!
- 온 가족이 즐길 수 있는 모험과 활동과 오락 제공! 어떤 외계인 종족이라도 환영함!
- 단, 요금은 선불이며, 서로 잡아먹지 않아야 함!
- 아홉 개의 행성과 태양 그리고 많은 위성을 둘러볼 것입니다.
- 아주 멋진 우주 산책도 준비돼 있습니다(우주복 제공).

"이 여행은 우리 은하에서 휴가를 보내기에 최고의 코스가 아닐까 싶어요!" 블러브 행성의 퉁가리 (여행사와 아무 관계 없음)

주의 사항

1. 각 행성을 방문하기 전에 위험 사항에 대해 퉁가리가 분명히 설명하고 경고할 것입니다. 그러니 만약 여행 도중에 사망하더라도 퉁가리를 원망하진 마시길.
2. 우주선 밖으로 나갈 때에는 꼭 우주복을 착용하세요. 만약 이걸 잊어 버렸다간 잘 기억해 둘걸 하고 후회하면서 눈을 감게 될 것입니다.

중요한 과학적 사실

퉁가리의 우주선은 지구에서 개발된 어떤 우주선보다 빠른 것으로 보인다. 인간이 만든 우주선으로 행성 사이를 여행하려면 몇 년 이상이 걸린다. 예를 들어 1977년에 발사된 무인 우주 탐사선 보이저 2호가 해왕성에 도착하는 데에는 12년이나 걸렸다!

한 외계인 가족의 예약을 받으면서 일이 시작되었다. 그들은 태양계를 여행하길 원했다. 그런데 좀 지저분한 가족이다. 심지어는 내 광고지에다가 더러운 콧물을 묻히기까지 했다. 여기 외계인 가족을 소개한다. 질질이는 끈적끈적 행성에서 온 코딱지족이다. 물론 우주에서 가장 똑똑한 외계인은 아니다.

그리고 얘는 질질이의 아기인 훌쩍이다. 훌쩍이는 알주머니 속에서 살고 있지만, 100년만 지나면 부화해 질질이 같은 완전한 코딱지족으로 커 갈 것이다.

여행 첫날, 나는 여행객들을 우주 공간의 환경에 적응시키려고 노력했다.

하지만 시작부터 사고가 터졌다. 우주 산책을 하기 위해 처음으로 우주선 밖으로 나갔는데, 질질이가 중요한 장비 일부를 착용하는 걸 잊었다!

얼마 후, 질질이는 우주복 없이 우주 공간에 나오면 어떻게 되는지 직접 그 고통을 맛보았다.

우주 공간은 영하 100℃보다 더 춥다. 그 정도 온도면 피부가 딱딱하게 얼고도 남는다. 반면에, 햇빛이나 별빛이 가까이서 비치는 곳은 온도가 120℃ 이상까지 올라갈 수 있는데, 이 정도면 살이 잘 익은 고기처럼 바싹 탄다. 질질이는 한쪽은 아이스크림처럼 얼어붙고, 반대쪽은 까맣게 탄 빵 껍질처럼 탔다.

우주 공간에는 질질이의 몸을 밖에서 짓누르는 공기가 없기 때문에, 내부의 공기가 바깥쪽으로 밀고 나가려고 한다. 얼마 지나지 않아 질질이의 창자와 폐와 눈알은 모두 터져 나갈 것이다. 또 기압도 없기 때문에 모든 혈액과 체액은 끈적끈적한 팥죽처럼 끓어오르기 시작할 것이다.

치명적인 광선인 태양 복사가 태양에서 날아와 질질이의 몸을 때린다. 곧 질질이는 전자레인지 속의 칠면조처럼 조리가 될 것이다. 그렇지만 불과 몇 초밖에 안 되는 짧은 시간에 나는 질질이를 안전한 곳으로 데려갔고, 우주선 내의 양호실에서 몇 시간 동안 치료를 하자 질질이는 다시 지저분한 본래의 모습으로 돌아올 수 있었다.

중요한 과학적 사실

코딱지족은 회복 능력이 탁월한 것 같다.
만약 인간이 질질이와 같은 경험을 한다면,
절대로 살아남지 못할 것이다.

자, 이제 우주가 얼마나 위험한 곳인지 알겠지? 그래도 별들은 참 멋져 보인다. 허블 우주 망원경이 보여 준 것처럼 별들은 정말 아름답다. 그런데 별을 보기 위해 반드시 우주 공간으로 나가야만 하는 것은 아니다. 대신에, 망치로 머리를 치는 방법도 있다(별로 권하고 싶진 않지만).

아니면, 망원경으로 다음 장을 살펴보든가.

놀라운 별의 비밀

별을 관측하기는 쉽지만, 별을 설명하기는 쉽지 않다. 여러분도 다음과 같은 의문이 떠오른 적이 있을 것이다.

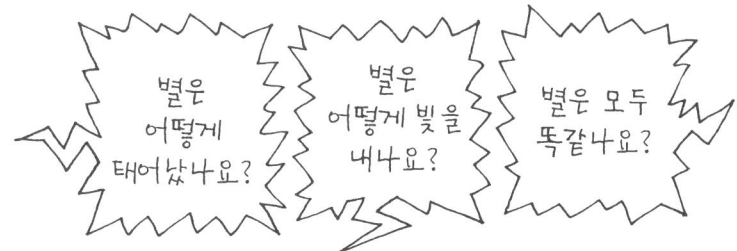

별은 어떻게 태어났나요?

별은 어떻게 빛을 내나요?

별은 모두 똑같나요?

알았다, 알았어! 그 답을 알려 주겠다. 먼저 처음부터 시작하기로 하자(끝부터 시작하는 것보단 낫다). 별은 어떻게 태어났을까? 그 답을 알아내기 위해 나는 우리와 아주 친한 별인 태양과 독점 인터뷰를 했다.

태양의 비밀 이야기

나불대 기자 씀

이글이글 타는 태양과의 독점 인터뷰

그는 우리 태양계에서 가장 큰 별로, 전설적인 인물이다. 태양계 중심에 위치한 그의 집으로 찾아가 처음 만났을 때, 태양은 무척 기분이 좋아 보였다. 46억 살이나 먹은 거대한 기체 덩어리인 태양치고는 전혀 늙어 보이지 않았다.

나불대 기자 : 어떻게 그렇게 큰 별이 될 수 있었나요?
태양 : 46억 년 전의 일이 마치 엊그저께 같군요.
나불대 기자 : 그러니까 처음에 어떻게 태어났죠?
태양 : 처음에 나는 형체도 없었어요. 그저 우주 공간에서 먼지와 가스로 이루어진 거대한 구름으로 떠다니고 있었을 뿐이지요. 나는 그렇게 이리저리 흘러다니는 존재였어요.

나불대 기자 : 그런데 그것들이 뭉치기 시작했죠?
태양 : 맞아요! 무슨 일이 일어났는지 확실하진 않지만, 지나가던 별이 나를 슬쩍 밀었던 것 같아요. 그때부터 나는 가스와 먼지를 끌어당기기 시작했지요. 그때는 정말 행복한 시절이었어요. 주변의 모든 것이 나를 향해 끌려왔으니까요. 그러다가 나는 점점 크게 뭉쳐져 주인공으로 떠올랐지요!

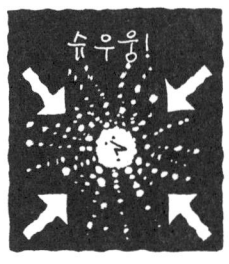

나불대 기자 : 그래서 어떻게 되었나요?
태양 : 몸집이 커져 가면서 점점 뜨거워졌어요. 그러면서 빛을 내기 시작했지요.
나불대 기자 : 스타로 성공한 비결은 무엇이었나요? 그러니까 당신을 진짜 별로 탄생시킨 계기는 무엇이었나요?
태양 : 음, 별이 되려면 감수해야 하는 것도 있어요.
나불대 기자 : 그게 뭔데요?
태양 : 중력이 아주 커지면 수소 가스가 짓눌리면서 헬륨으로 변하지요. 별이 되려면 반드시 이런 과정을 거쳐야 해요.
나불대 기자 : 당신에게 에너지를 공급하는 원천이 바로 그것인가요?
태양 : 네. 그 과정에서 열과 빛 에너지가 나오지요. 이것은 내 삶을 유지시켜 주는 원동력이에요!
나불대 기자 : 그렇지만 처음에는 어려움도 많았지요? 스타가 되기까지 수백만 년이 걸렸다면서요?
태양 : 예, 그때는 정말 힘들었지요.
나불대 기자 : 그와 함께 행성들도 태어났나요?
태양 : 예, 그들은 처음에 가스 구름의 바깥 부분에 있다가 내가 눈부신 성공을 거둘 무렵에 함께 태어났지요.
나불대 기자 : 알겠어요. 저도 눈이 부시네요.

음, 태양이 비교적 정확하게 기억하고 있군. 지구와 그 밖의 행성들은 실제로 먼지와 가스가 뭉쳐 태어났다. 그것들은 서로 뭉쳐서 작은 암석이 되었고, 작은 암석들이 뭉쳐 점점 큰 덩어리로 커져 미행성체가 되었다. 이 미행성체들이 서로 충돌하면서 들러붙어 오늘날 보는 것과 같은 행성으로 성장한 것이다.

요건 몰랐을걸!

지름이 태양의 $\frac{1}{12}$ 이하면, 그 별은 제대로 빛을 낼 수가 없다. 이렇게 실패한 별을 '갈색 왜성'이라 한다(왜성은 난쟁이 별이란 뜻이다). 크기가 너무 작으면 빛과 열을 내는 핵융합 반응이 시작될 수 없기 때문이다.

그런데 지금쯤 여러분의 마음속에는 궁금한 질문이 하나 떠다니고 있을 것이다. 우주 공간에 떠다니던 먼지와 가스를 뭉치게 해 별과 태양계를 만들어 낸 그 힘은 과연 무엇일까? 그게 없었다면 우리는 지금 이 자리에 서 있지 않을 것이다. 이것은 정말로 중요한 힘이다. 정답은 바로 중력!

탐욕스러운 중력

중력은 우주와 그 속에 있는 모든 것을 움직이는 핵심적인 힘이기 때문에, 이 책의 나머지 부분을 이해하기 위해서는 반드시 알고 넘어가야 한다. 그런데 중력을 설명하려면 과학이 좀 필요하다.

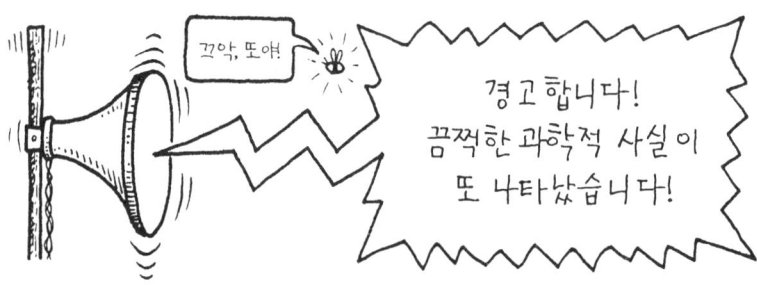

우주에 관한 X-파일

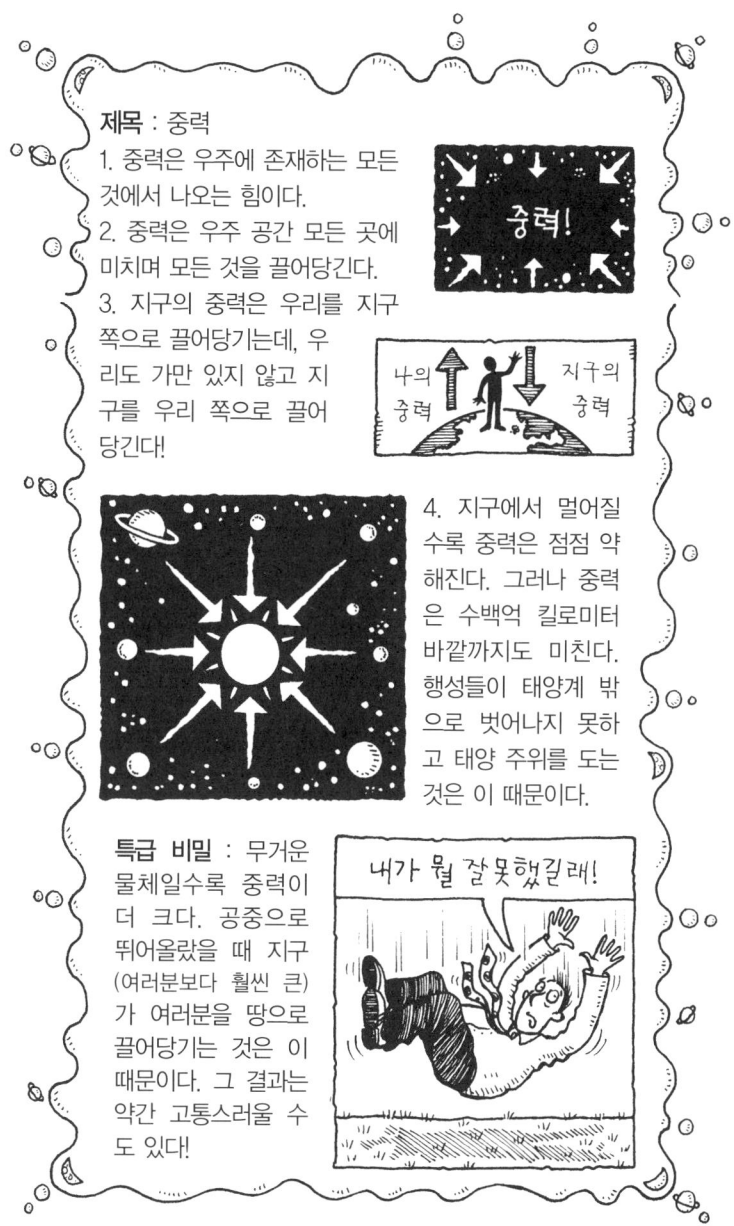

제목 : 중력

1. 중력은 우주에 존재하는 모든 것에서 나오는 힘이다.
2. 중력은 우주 공간 모든 곳에 미치며 모든 것을 끌어당긴다.
3. 지구의 중력은 우리를 지구 쪽으로 끌어당기는데, 우리도 가만 있지 않고 지구를 우리 쪽으로 끌어당긴다!
4. 지구에서 멀어질 수록 중력은 점점 약해진다. 그러나 중력은 수백억 킬로미터 바깥까지도 미친다. 행성들이 태양계 밖으로 벗어나지 못하고 태양 주위를 도는 것은 이 때문이다.

특급 비밀 : 무거운 물체일수록 중력이 더 크다. 공중으로 뛰어올랐을 때 지구(여러분보다 훨씬 큰)가 여러분을 땅으로 끌어당기는 것은 이 때문이다. 그 결과는 약간 고통스러울 수도 있다!

음, 이 정도면 중력에 대해 필요한 건 다 알았다. 잠시 후, 여러분은 직접 별들을 보게 될 것이다. 그 전에 큰 별, 그러니까 질량이 태양의 10배 정도 되는 별에 대해 알아 두어야 할 사실이 있다. 이 무거운 별들은 무시무시한 버릇이 있다는데……

초신성의 비밀

큰 별은 좌우간 반갑지 않다. 이 거대한 별들은 태어나기도 전부터 이미 우주에 큰 혼란을 일으킨다. 크건 작건 간에 모든 별은 거대한 가스와 먼지 구름 속에서 태어난다(26쪽에 나온 태양의 이야기처럼). 그러나 큰 별이 태어날 때에는 가스를 내뿜어 막 생기려고 하는 작은 별들을 파괴해 버리곤 한다.

큰 별은 아주 탐욕스럽게 가스를 먹어치운다. 태양 같은 작은 별보다 더 많은 열을 내며, 수소를 헬륨으로 바꾸는 핵융합 반응도 훨씬 빨리 일어난다. 그러다가 1100만 년쯤 지나면 자신의 중력을 못 이겨 안쪽으로 무너져 내리고 만다!

중심부가 다시 빛과 열을 내며 밖으로 퍼져 나가다가 계속해서 무너져 내리는 바깥층과 충돌한다.

 이러한 충돌에서 별은 엄청난 폭발을 일으키면서 별 1000억 개보다 더 밝은 빛을 낸다! 이렇게 폭발하는 별을 '초신성'이라 부르는데, 큰 별이 일생에 딱 한 번만 보여 주는 정말 대단한 공연이다. 여러분은 '이제 그것으로 끝이겠지'라고 생각하겠지? 어쨌든 큰 별은 산산조각이 나지 않았는가? 그런데 과연 그럴까?
 죽었다고 생각했던 괴물이 갑자기 되살아나는 공포 영화를 본 적이 있는가? 현실에서도 가끔 그런 일이 일어난다. 바로 큰 별의 경우가 그렇다!
 폭발을 일으킨 뒤, 별의 중심부는 계속 쪼그라든다. 그러나 그것은 그냥 죽지 않는다. 대신에 아주 작지만 무시무시한 괴물로 변한다. 그 이름은 바로 중성자별!

중성자별은 지름이 20km 정도밖에 안 된다. 그렇게 작은 게 뭐가 무시무시하다는 거야? 그러나 만약 여러분이 중성자별에 가까이 다가간다면 다음과 같은 끔찍한 일이 일어날 것이다.

중성자별은 엄청나게 무겁다. 그래서 중력도 엄청나다. 만약 여러분이 중성자별에 착륙한다면, 여러분의 체중은 엄청나게 무거워져서 작은 코딱지 하나가 100만 톤이나 나갈 것이다. 그러면 손수건에 큰 구멍이 나겠지?

중성자별에서 휴가를 즐기고 싶다고?

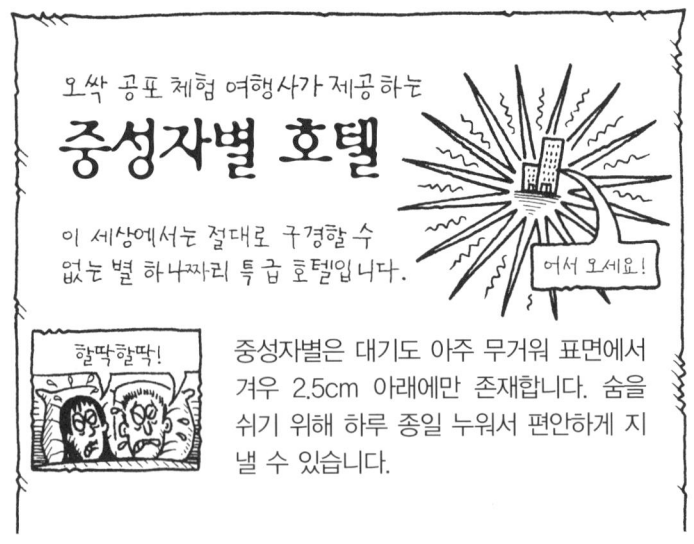

체육관 시설도 끝내 줍니다. 자기 머리를 들어올리는 데 에베레스트 산을 들어올리는 것보다 더 많은 에너지가 필요하거든요. 여러분은 중성자별을 떠나자마자 금방 다시 돌아오고 싶을 것입니다. 뭐, 원치 않더라도 엄청난 중력이 여러분을 다시 끌어당길 테지만 말입니다.

끄어어억!

일부 중성자별은 전파 펄스(pulse: 맥박처럼 주기적으로 이어졌다 끊어졌다 하는 신호) 신호를 내보내는 펄서(pulsar)라는 천체로 밝혀졌다. 중성자별은 아주 빠른 속도로 자전하는데, 1초에 수십 바퀴를 돌 수도 있다. 이 때문에 자전축을 중심으로 양 극 방향으로 회전하는 섬광등에서 나오는 빛처럼 전파 빔이 우주 공간으로 나아간다. 그것이 지구를 지나가면 우리가 볼 때 전파 펄스 신호가 날아오는 것처럼 보이는 것이다.

그래도 이 정도는 착한 별이라 할 수 있다. 정말로 무시무시한 중성자별이 있는데, 이것을 자석별이라 부른다.

자석별은 거대한 자석과 같은데, 그렇다고 냉장고에 붙여 놓을 생각은 꿈에도 하지 마라! 만약 자석별이 달의 위치에 있다면, 지구 상에서 자성을 띤 금속이 모조리 끌려가고, 여러분이 아끼는 음악 카세트 테이프 자료도 모조리 지워지고 말 것이다. 그런데 그 정도는 약과다.

엄청난 자기력은 사람의 몸을 이루고 있는 물질을 다시 뒤섞어 놓아 모든 사람을 끈적끈적한 죽처럼 만들고 말 것이다. 이건 웃자고 하는 소리가 아니다!

진짜로 아주 큰 별(질량이 태양의 20배 이상인)에게는 이보다 훨씬 더 무시무시한 운명이 기다리고 있다. 이에 비하면 자석 별은 양반이다. 이렇게 큰 별은 초신성으로 폭발한 뒤에 남은 물질이 수축하다가 무시무시한 '블랙홀' 괴물로 변한다! 블랙홀을 살펴보러 여행을 떠나는 건 정말 위험하다. 여러분의 목숨도 보장할 수 없다. 그래도 정 원한다면!

오싹 공포 체험 여행사가 제공하는
블랙홀 호텔

진정한 공포 체험 마니아들에게 추천하는 코스! 블랙홀은 단지 검은 구멍이 아닙니다.
그것은 우주의 시공간 구조 자체에 뻥 뚫려 있는 구멍입니다. 블랙홀의 중력에 붙들리면 뿌리치기 힘들 겁니다. 일단 그 안으로 들어가면 순식간에 분해되고 맙니다! 일단 몸이 엿가락처럼 기다랗게 늘어났다가 바늘귀보다도 잘게 갈기갈기 찢긴 다음, 흔적도 찾을 수 없게 될 것입니다. 마지막 순간까지 온몸이 바스라지는 전율을 느낄 수 있지요.

그래, 정말 그렇군!

그래서 블랙홀 여행을 하지 않겠다고? 차라리 칫솔을 들고 변기나 닦고 있겠다고? 오, 저런! 용기를 내 봐!

모든 사람의 몸속에는 별이 들어 있다?

큰 별의 폭발이 꼭 나쁜 소식만은 아니다. 혹시 여러분의 몸이 폭발한 별의 잔해로 만들어졌다는 사실을 알고 있는지?

그 자세한 내막을 이야기해 주겠다!

다른 별과 마찬가지로 거대한 별도 수소를 헬륨으로 바꾸면서 한동안 행복하게 살아간다. 그러나 세상에 영원한 행복이란 없는 법! 큰 별은 온도가 매우 높아지다가 폭발하기 직전에 물질을 더욱 압축시키면서 다양한 원소를 만들어 낸다. 여러분의 폐 속에 들어가는 산소나 혈액 속에 들어 있는 철, 신체를 이루는 주요 원소인 탄소 등은 여러분이 태어나기 수십억 년 전에 별 속에서 만들어진 것이다.

이제 드디어 여러분이 직접 별을 볼 때가 되었다. 자, 이제 별을 보러 가자!

왁자지껄 천체 관측 클럽

매일 밤 하늘에는 경이로운 쇼가 벌어진다. 쇼의 주인공은 별들인데, 여러분도 낄 수 있는 기회를 주겠다. 자, 왁자지껄 천체 관측 클럽에 가입한 것을 환영한다!

천체 관측에 필요한 것들

명심해야 할 사항

집 밖으로 나갈 때에는 반드시 어른과 함께 가도록 하라. 그리고 어른도 쉽게 공포에 질린다는 점을 명심하고, 어른을 홀로 내버려 두고 돌아다니지 말도록!

준비가 다 되었으면, 여러분이 할 일은 다음과 같다.

1. 장비(어른도 함께)를 챙겨 거리의 불빛이 별로 비치지 않는 어두운 장소로 간다.

2. 하늘을 바라본다. 편안한 의자에 앉아 있다면, 일광욕(아니, 성광욕이라 해야 하나?)을 즐기는 기분을 내도 좋다. 춥다면

담요를 덮도록. 지시대로 다 했다고? 훌륭하다!

맨 먼저 관측할 것은······.

집을 떠나지 않고도 할 수 있는 은하 여행

1. 오리온자리를 바라보라. 오리온자리는 대충 아래 그림과 같은 모양을 하고 있다(관측하기에 가장 좋은 시기는 겨울철이다).

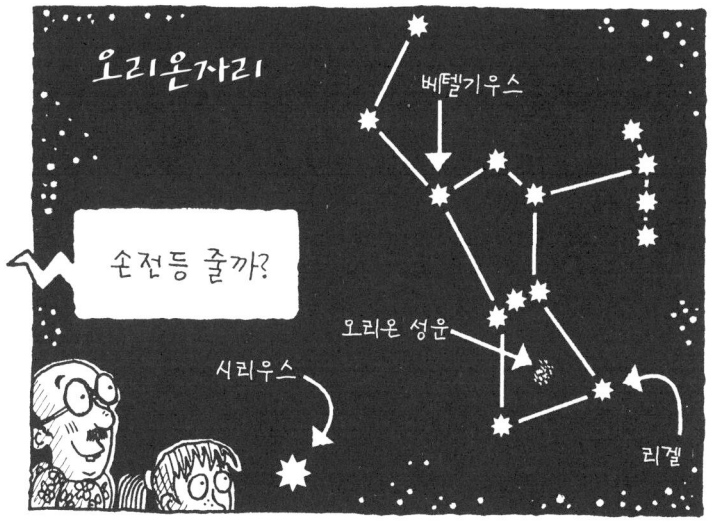

2. 시리우스를 발견했는가? 시리우스는 밤하늘에서 가장 밝은 별이다. 시리우스는 8.6광년 거리에 있고, 태양보다 23배나 밝다. 그런데도 여러분이 "으아악! 내 눈!" 하고 비명을 지르지 않는 것은 시리우스가 아주 멀리 떨어져 있어 그 빛 중 극히 일부만 우리에게 날아오기 때문이다.

3. 다시 오리온자리로 돌아가자. 별들은 색깔이 제각각 다르다. 온도가 낮은 별은 붉은색으로 빛나고, 높은 별은 청백색으로 빛난다. 대부분의 별빛은 희미해서 그 색을 분명히 구별하

기 어렵지만, 자세히 본다면 오리온자리에 있는 별들 중에서 색깔이 있는 것들을 볼 수 있다.

- 리겔은 청백색으로 빛나는 뜨거운 거성이다. 거리는 900광년이고, 태양보다 약 4만 배 밝게 빛난다.
- 베텔기우스는 태양보다 온도가 낮지만 800배나 더 크기 때문에, 약 1만 배 더 밝게 빛난다. 650광년이나 떨어져 있는 게 다행이라면 다행이랄까. 베텔기우스는 적색 초거성으로 분류된다. 여러분은 맨눈으로도 그 주황색 빛을 확인할 수 있을 것이다. 우리 태양도 먼 장래에는 베텔기우스처럼 크게 부풀어 올라 지구를 완전히 태워 버릴 것이다(자세한 내용은 156~157쪽을 참고하라).
- 오리온 성운은 깜박이는 작은 구름처럼 보이며, 하늘이 아주 캄캄할 때에만 볼 수 있다. 약 1300광년 거리에 있고, 폭이 100광년에 이르는 더 크고 어두운 가스 구름의 일부이다. 이곳에는 귀여운 아기별들이 태어나고 있다. 망원경으로 보면 그 속에서 아기별들이 반짝이는 모습을 볼 수 있다.

남반구에 사는 독자들을 위해

오리온자리는 남극 대륙을 제외하고는 지구 상의 어디에서도 볼 수 있다. 그러나 남반구에서는 그 모습이 앞의 그림을 뒤집은 모습으로 보일 것이다. 그러니 책을 거꾸로 들고 찾도록 하라. 조금 더 어려운 방법을 택하고 싶다면, 물구나무를 서서 하늘을 보아도 된다.

그리고 시리우스 대신에 카노푸스를 찾아보고 싶을지도 모르겠다. 카노푸스는 바로 여기에 있다.

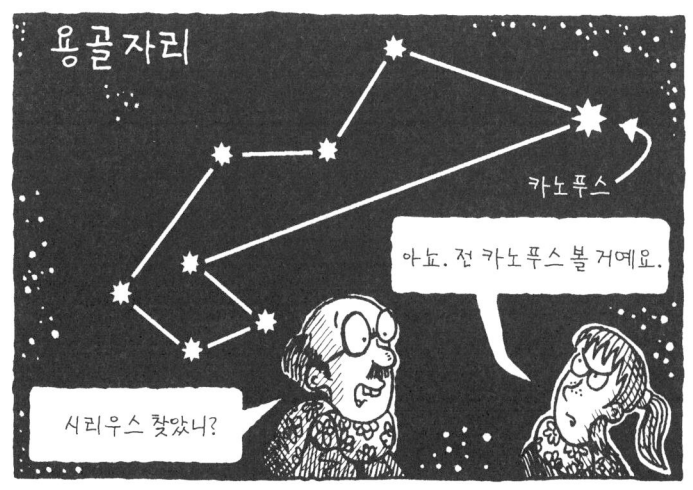

카노푸스는 태양보다 1만 2000배 밝고, 지구에서 300광년 거리에 있다. 음, 우주선을 타고 가려면 세월이 한참 걸리겠군. 그럼, 긴 여행을 즐기도록 하라!

요건 몰랐을걸!

2001년, 천문학자들은 우리 은하 중심 근처에서 거대한 성운을 발견했는데, 그 속에 알코올 성분이 들어 있었다. 그래서 술을 좋아하는 과학자들은 지금 우주선을 타고 그곳을 방문할 계획을 세우고 있다고 한다.

그러나 우리는 그곳으로 가지 않을 것이다. 우리의 목적지가 가장 중요한 별이라는 건 알고 있지? 그것은 바로 태양계 중심에 있는 별로서, 우리에게 필요한 빛과 열을 주는 별이다. 이 책을 햇빛이 비치는 곳에 잠시 놓아 두었다가 아주 따끈따끈한 상태로 다음 장을 읽으면 좀 더 실감이 날 것이다.

따끈따끈한 태양

태양은 평범한 노란색 별이다. 우리 은하에는 태양과 비슷한 별이 수천만 개도 더 있다. 그렇지만 우리에게는 태양이 정말로 소중한 별이다. 지구에서 살아가는 모든 생물에게 태양이 비춰 주는 빛은 생명의 빛이다.

태양에 관한 놀라운 사실 여섯 가지

1. 태양은 너무나도 뜨거워서 바늘 끝만 한 물체가 태양 중심의 온도를 갖고 있다면, 160km 밖에 있는 사람을 죽일 수도 있다. 허걱!

2. 두께 2.5cm의 빙산이 있다고 하자. 빙산은 태양에서 1억 5000만 km나 떨어져 있지만, 햇빛은 2시간 12분 만에 그 빙산을 완전히 녹일 수 있다!

그런데 태양은 모든 방향으로 빛과 열을 내보내고 있다.

이번에는 태양에서 1억 5000만 km 떨어진 곳에 두께 2.5cm의 얼음벽을 빙 두른다고 상상해 보자. 여러분이 세운 이 얼음벽의 길이는 9억 4900만 km나 될 것이다! 그런데 이 긴 얼음벽이 여러분이 재미있는 영화 한 편 보고 나면 사라지고 없다! 으스스하지 않은가?

3. 태양은 핵융합 반응으로 매초 수소 연료 5억 6400만 톤을 소비하고 있다. 아마 가스 요금이 어마어마하게 나올 것이다. 그리고 매분 수소 2억 3500만 톤의 질량이 사라지면서 에너지로 바뀌고 있다. 그러니까 매초 코끼리 100만 마리가 폭발해 사라지고 있는 셈이다! 정말 놀랍지 않은가?

4. 태양(그리고 우리를 포함한 태양계도)은 우리 은하의 중심 주위를 초속 약 230km로 돌고 있다. 꽤 빠른 속도 같지? 분명히 그렇다. 그러나 이런 속도로 은하를 한 바퀴 도는 데에는 2억 2500만 년(이것을 1은하년이라 부른다)이나 걸린다. 지금까지 태양은 우리 은하 주위를 20바퀴 돌았기 때문에, 태양의 나이는 20은하년인 셈이다.

5. 태양이 노래를 한다는 사실을 알고 있는지? 정말이다! 태양 표면은 부풀었다 꺼졌다 하면서 진동하고 있다. 이렇게 진동하는 파동이 음파처럼 태양 표면 위로 지나간다. 불행하게도 우리는 태양의 노랫소리를 들을 수가 없다. 어차피 소리를 전달해 주는 공기도 없을뿐더러 음이 너무 낮아서 우리의 귀에는 들리지도 않는다. 그러나 과학자들은 컴퓨터를 사용해 그것과 비슷한 소리를 만든 다음, 우리가 들을 수 있게 음을 높게 변조해 보았다. 그것은 굶주린 하마가 쿵쿵거리는 소리와 비슷했다.

6. 태양에서는 전파도 나온다. 전파는 빛이나 복사처럼 일종의 에너지이다. 그렇다면 노래하는 태양이 자신의 노래를 자체 라디오 방송국을 통해 내보내고 있는 건 아닐까? 설마!

그렇지만 태양에 관한 사실 중에서 무엇보다도 놀라운 것은 태양의 빛과 열이 없다면 지구에는 영원히 깜깜한 밤만 계속된다는 사실이다. 그러면 금방 온도가 크게 내려가 모든 식물이 죽고 말 것이다. 그러면 식물을 먹고 살던 동물도 죽게 되고, 우리도 먹을 게 하나도 없게 된다. 곰처럼 겨울잠을 잘 수도 없으니 우리는 결국 죽을 수밖에 없다. 생각하기만 해도 끔찍하다!

그러나 태양이 이렇게 중요하고 소중한 존재인데도 불구하고, 우리는 태양을 똑바로 바라볼 수 없다.

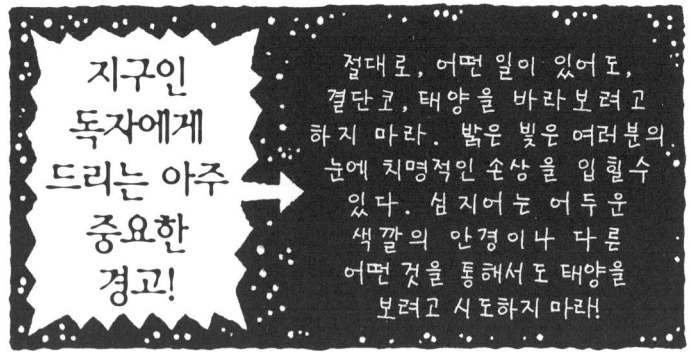

지구인 독자에게 드리는 아주 중요한 경고!

절대로, 어떤 일이 있어도, 결단코, 태양을 바라보려고 하지 마라. 밝은 빛은 여러분의 눈에 치명적인 손상을 입힐 수 있다. 심지어는 어두운 색깔의 안경이나 다른 어떤 것을 통해서도 태양을 보려고 시도하지 마라!

듣고 보니 태양은 좀 위험한 존재 같다. 그러면 우리의 SF 영화, 두 번째 에피소드를 보기로 하자. 외계인들은 이글이글 타오르는 태양에 새카맣게 익어 버리고 말까?

퉁가리와 함께 하는 태양계 환상 여행

우리는 태양이라고 부르는, 별로 흥미로울 것도 없는 노란색 별을 향해 출발했다. 나는 코딱지족에게 태양에 너무 가까이 다가가서는 안 된다고 설명해 주었다. 만약 그랬다간 우리가 탄 비행접시는 프라이팬으로 변하고 말 것이다. 스너크 스너크 (블러브 행성인 언어로 '하하' 라는 뜻). 대신에 우주선을 안전한 거리에 세운 뒤, 눈을 보호하기 위해 광 필터를 착용하고 태양을 관찰할 것이다.

태양을 향해 날아가는 동안 훌쩍이가 무척 지루한가 보다.

나는 태양이 아주 크고 밝기 때문에(크지도 않고 밝지도 않은 훌쩍이와는 달리) 멀리서도 잘 보인다고 설명해 주었다. 똑똑한 블러브 행성인이라면 누구나 알고 있듯이, 태양까지 가려면 아직도 한참 남았다. 잠시 후, 훌쩍이는 코딱지를 공처럼 뭉쳐 내 로봇 애완견에게 발사하는 놀이를 시작했다.

태양계 X-파일
코스모 컴퓨터 제공

- **이름** : 태양
- **크기** : 지름 139만 2000km
- **지구와 비교한 크기** : 약 100만 배나 큼(부피가).
- **지구와 비교한 표면 중력** : 28배나 큼.
- **하루의 길이(자전 주기)** : 태양도 행성처럼 자전을 하는데, 한 바퀴 도는 데 28일이 걸린다.
- **대기** : 엄청나게 온도가 높은 대기로 둘러싸여 있는데, 이것을 코로나라 부른다. 코로나를 지나가지 않도록 조심하라. 온도가 200만 ℃나 되니까!
- **일기 예보** : 참기 힘들 정도로 뜨거울 것이다. 태양 표면의 온도는 6000℃이고, 중심 온도는 무려 1500만 ℃나 된다. 바람도 거센데, 이 바람은 공기가 아니다. 태양풍은 원자를 이루는 입자들이 쏟아져 나오는 것이다. 또 치명적인 복사도 많이 나온다.
- **유익한 여행 정보** : 일정 거리를 유지하라. 만약 가까이 다가가야 한다면, 우주선에 안전한 열 차단막이 설치돼 있는지 확인하고, 자외선 차단제를 듬뿍 바르도록.

우주선이 안전한 거리에 떠 있을 때, 나는 태양의 흥미로운 특징에 대해 설명했다.

- **쌀알 무늬** – 태양 표면은 오렌지처럼 보인다. 그 표면을 뒤덮고 있는 쌀알 무늬는 밑에서 뜨거운 기체가 솟아오르면서 생긴다.
- **흑점** – 단순한 코딱지족은 이것을 보고 마마 자국이라고 생각했대! 나는 그것이 태양 흑점이라고 알려 주었다. 강한 자기력이 표면에 만들어 놓은 구멍이다. 흑점은 주변 지역보다 온도가 1500℃ 가량 더 낮지만, 그래도 여전히 뜨겁다.
- **태양 플레어** – 이것은 코딱지족이 종종 하는 재채기와 비슷하지만, 침이 아니라 수소 원자가 튀어나오는 게 다르다. 플레어는 지구에까지 날아가 지구인의 원시적인 전자 장비를 마비시키곤

한다.

> ### 코스모 컴퓨터의 경고!
>
> 태양 플레어는 블러브 행성인을 새카맣게 태우고도 남을 만큼 뜨겁습니다! 만약 감지 장치에 플레어가 감지되면, 즉각 경고 신호를 울리겠습니다. 그렇지만 플레어의 속도가 1초에 400km나 되니 다리가 찢어지도록 달려야 할 겁니다.

태양에서 2000만 km 떨어진 지점에서 코스모는 초고성능 감지 장치로 태양 내부를 들여다보았다.

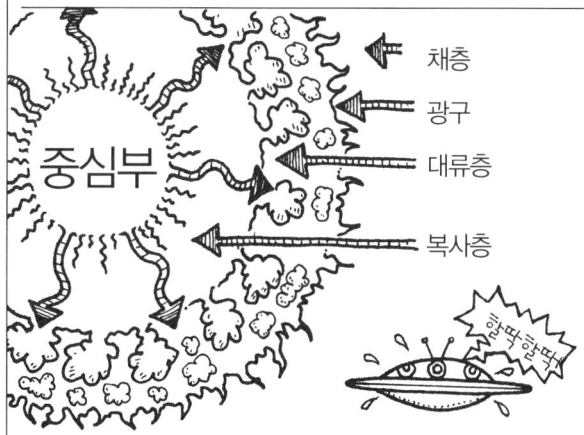

태양을 X선으로 투시한 모습

- **채층** – 코로나 아래에 있는 안쪽 대기층이다. 두께는 약 1만 km.
- **광구** – 태양 표면에 해당하며, 두께는 약 500km.
- **대류층** – 중심부에서 뜨거운 기체가 위로 솟아오르는 대류가 일어나는 지역이다. 두께는 약 15만 km.
- **복사층** – 두께 35만 km.
- **핵** – 지름 35만 km. 이곳에서 열 에너지가 만들어진다.

이제 너무 뜨거워서 더 이상 태양에 가까이 다가갈 수 없지만, 대신에 우리는 블러브 바비큐를 즐겼다.

흥미로운 사실이 하나 있다. 태양은 전체 태양계의 물질 중 99.86%를 차지하고 있다! 믿어지지 않는다고? 사실이다! 나머지 0.14%를 태양계의 행성들과 위성들, 소행성들이 나눠서 차지하고 있다.

자, 그럼 이번에는 행성들을 방문하기로 하자. 납도 녹일 만큼 뜨거운 수성에서부터 시작하여 꽁꽁 얼어붙은 명왕성까지, 그리고 그 사이에 있는 온갖 다양한 행성들을 둘러볼 것이다. 자, 그럼 우주선에 승선하라!

화끈화끈한 행성, 으스스한 행성

수성에서 어슬렁거리며 돌아다니거나 금성에 착륙할 생각을 하고 있는지? 정 원한다면 할 수 없지만, 그랬다간 가시 덤불에 갇힌 풍선처럼 빠져나오기 힘들 것이다. 수성과 금성은 온도가 아주 높고 환경이 지옥 같아서 착륙했다간 여러분은 금방 죽처럼 변하고 말 것이다. 아무리 꼴 보기 싫은 친구라도 거기에 보내고 싶진 않을 것이다. 엉, 아니라고?

수성에 간 과학자

여기 한 과학자가 수성에 착륙했다. 아마도 여러분 같은 친구가 보낸 모양이다. 이 여성 과학자는 착륙하자마자 수성이 아주 기묘한 방식으로 움직이는 것을 보았다.

수성 여행

나야나 씀 (종이에 그 울린 자국이 남아 죄송!)

오늘 아침 수성에 착륙했더니, 마침 해가 떠오르는 시간이었다. 지평선 위로 떠오르는 태양은 하늘 높이 뜰수록 점점 더 커지는 것 같았다. 정오 무렵에 샌드위치를 먹으려다가 보니 태양이 오던 방향으로 도로 돌아가고 있었다. 너무나도 놀라 샌드위치 먹는 걸 잠시 잊고 있었더니 샌드위치가 새카맣게 타 버렸다. 잠시 후, 태양이 다시 마음을 바꾸었는지 정상적인 방향으로 나아가기 시작했다. 무척이나 긴 낮이 지난 뒤에 저녁이 되자 태양은 지평선 너머로 졌다. 그런데 지자마자 태양이 또 나타났다! 우주에서 날아오는 돌들이 무척 귀찮다. 도대체 무슨 일이 일어난 걸까?

오, 불쌍한 나야나! 과학을 위해 계속 고통을 감수해 주기 바란다. 그러면 어떤 일이 일어났는지 알아보자.

태양이 보인 기묘한 행동

수성은 태양 주위를 길쭉한 타원 궤도로 돌고 있다. 그러니까 이런 식으로 도는 것이다.

그래서 수성이 태양에 가까워질 때에는 태양이 커 보이고, 태양에서 멀어질 때에는 작아 보이는 것이다. 수성의 하루(자전 주기)는 59일이기 때문에(공전 주기는 88일), 태양은 하루에도 몇 번씩 크기가 들쭉날쭉 변한다. 무슨 말인지 이해가 가는가? 훌륭하다! 그렇다면 이제 왜 태양이 오던 길을 되돌아갔는지 설명하겠다.

지구에서는 지구가 매일 한 바퀴씩 자전하기 때문에 태양이 하늘을 가로질러 가는 것으로 보인다. 그런데 지구가 아주 느리게 자전한다고 상상해 보라. 그러면 하늘에서 태양도 천천히 움직이겠지? 이번에는 지구가 공전 궤도상에서 움직이는 속도가 자전으로 인한 태양의 움직임보다도 더 빠르다면 어떻게 되겠는가? 가끔 태양이 뒤로 움직이는 것처럼 보이는 일도 일어난다. 자전 속도가 아주 느린 수성에서 바로 이러한 일이 일어나는 것이다! 이해가 잘 가지 않는다고? 그래도 총명한 독자는 무슨 말인지 다 이해할 것이다.

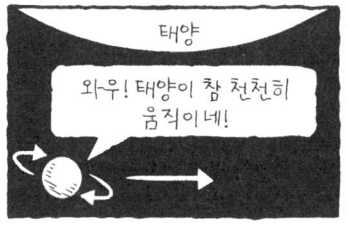
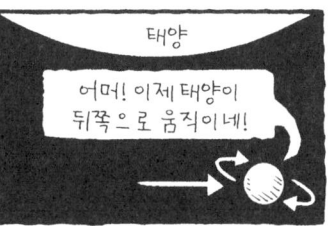

음, 수성은 좀 미친 것처럼 보인다. 그러면 퉁가리가 이끄는 외계인 관광단에게 돌아가 보자. 퉁가리는 수성의 이 기괴한 행동을 제대로 이해하고 있을까?

퉁가리와 함께 하는 태양계 환상 여행

우리는 수성을 향해 출발했다. 수성은 태양에서 가장 가까운 행성으로, 평균 거리는 약 5800만 km이다.

태양계 X-파일

- **이름** : 수성
- **크기** : 지름 4900km
- **지구와 비교한 크기** : 지구의 $\frac{1}{3}$
- **지구와 비교한 표면 중력** : $\frac{1}{3}$을 조금 넘는다. 그러니까 지구에 있던 사람이 수성에 가면 몸무게가 $\frac{1}{3}$로 줄어든다는 이야기!
- **위성** : 없음.

- ○ 자전 주기 : 58일 12시간
- ○ 공전 주기 : 88일
- ○ 대기 : 거의 없음.
- ○ 일기 예보 : 너무 뜨거우면서도 너무 춥다. 낮 동안에는 427℃까지 치솟고(이것은 통조림 깡통도 녹일 만큼 뜨거운 온도이다), 무시무시한 태양 복사도 피할 곳이 없다. 밤에는 영하 183℃까지 떨어진다.
- ○ 유익한 여행 정보 : 제 정신인 사람이라면 아무도 가려고 하지 않을 것이다. 그래도 꼭 가고 싶다면, 우주복과 자외선 차단제를 꼭 가져가고, 기나긴 밤 동안에 추위를 막기 위한 두꺼운 양말도 가져가라.

우주선이 수성 표면 위를 나는 동안 나는 관광객의 눈길을 끌 만한 특징을 설명해 주어야 했다. 사실은 그런 게 별로 많지 않기 때문에 설명할 것도 별로 없었다.

- **절벽** – 높이 3km
- **칼로리스 분지** – 폭이 1300km나 되는 거대한 크레이터
- 깊이 파인 크레이터 안에는 얼음이 있다.

코딱지족은 크레이터 안에서 스케이트를 타겠다고 귀찮게 졸라 댔다. 그렇지만 나는 그들의 요구를 일축하고, 5000만 km를 훌쩍 이동해 금성으로 가기로 결정했다. 금성은 그래도 수성보다 훨씬 흥미롭겠지 하고 기대했다. 정말 그랬다. 그렇지만 좋은 쪽으로 흥미로운 것은 아니었다.

태양계 X-파일

- ○ 이름 : 금성
- ○ 크기 : 지름 1만 2100km
- ○ 지구와 비교한 크기 : 지구보다 약간 작음.
- ○ 지구와 비교한 표면 중력 : 지구보다 약간 약함.
- ○ 위성 : 없음
- ○ 자전 주기 : 243일

- **공전 주기** : 225일. 엥? 어떻게 하루 길이가 1년 길이보다 더 기냐고? 정말이다! 금성은 자전 속도가 너무나도 느려 태양 주위를 한 바퀴 도는 시간보다 더 오래 걸린다. 우리를 헷갈리게 만드는 사실이 또 하나 있는데, 자전 방향이 나머지 행성하고는 정반대라는 점이다.
- **대기** : 두꺼운 이산화탄소 구름이 금성 표면을 뒤덮고 있다. 기압이 아주 높아 금성 표면에 서 있으면 여러분은 무거운 대기에 짓눌려 금방 오징어가 되고 말 것이다. 구름에는 황산도 많이 포함돼 있기 때문에, 그 오징어마저 녹여 버릴 것이다. 게다가 화산도 있다. 지금은 활동을 하고 있지 않지만, 언제 폭발할지 모른다.
- **일기 예보** : 오늘은 무척 더운 날씨가 될 것 같다. 예상 기온은 500℃. 음, 사실대로 말하자면, 기온은 매일 똑같다. 금성은 태양계에서 가장 뜨거운 장소이다(단, 태양을 제외하고).
- **유익한 여행 정보** : 나보고 금성에 가라고 한다면, 차라리 컴퓨터 칩을 박살내 버리겠다!

코스모의 충고에도 불구하고, 나는 금성에 착륙하기로 했다. 단, 우주선 내에서만 관광을 하려고 했다. 그런데 코딱지족은 밖으로 나가고 싶어 환장을 했다!

바로 그때, 로봇견이 갑자기 밖으로 뛰어나갔다.

로봇견은 금성이 얼마나 위험한 곳인지 직접 보여 주었다.

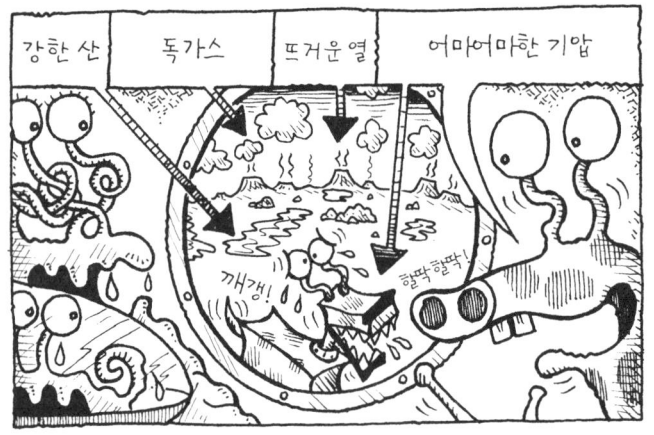

나는 우주선의 로봇 팔을 이용해 로봇견을 구했다. 로봇견은 기분이 상했는지 내게 화풀이를 했다.

금성이 지옥처럼 지독한 곳이라면, 금성의 신 역시 그에 못지않게 사악하다! 중앙아메리카에 살던 마야인은 금성을 신이라고 생각했다(고대 그리스인은 여신이라고 생각했지만). 마야인 사제는 금성을 오랫동안 관찰하면서 신이 원하는 것이 무엇인지 알아내려고 했다. 신은 움직이고 있는가? 신은 하루 중 어느 시간에 나타날까?

나도 마야의 천문학자가 될 수 있을까?

이 퀴즈는 진짜로 일어난 사건을 바탕으로 한 것이다. 그 사건이 일어난 해는 562년이다. 여러분은 마야의 도시 칼라크물의 사제이자 천문학자라고 상상하라. 여러분은 무시무시한 천문학자와 나약한 점술가 중 어느 쪽을 택하겠는가?

게임의 규칙

다음 질문들을 잘 읽고 답을 선택하라. 만약 정답을 맞히면 1점을 얻고, 그 다음 질문으로 넘어가라.

1. 오늘은 4월 29일이다. 여러분은 이 날에는 금성이 하늘에서 정지해 있는 것처럼 보인다는 사실을 알고 있다. 그러면 왕에게 뭐라고 말하겠는가?

   a) 오늘은 적을 박살 낼 절호의 기회입니다.
   b) 오늘은 쇼핑하기에 참 좋은 날입니다.
   c) 오늘은 운이 나쁜 날입니다. 방에 틀어박혀 이불 밑에 숨는 게 좋겠습니다.

답 : a) 금요일 저녁과 재채기 경진대회를 연다. 운이 좋아서 승자에게 상금을 준다. 두개골 탑을 쌓는다. (배 룰 사가에서다)기다린 있다가 (때 룰 사가에서다) 신하에게 조용한 동작이나 지시를 조용히 읽어 수 있는 기회다.

2. 왕의 군대가 경쟁 도시인 티칼을 점령하고, '이중 새' 라는 별명을 가진 그 왕을 사로잡았다. 티칼의 왕을 어떻게 처리하겠는가?
   a) 작은 방에 감금하고, 어려운 덧셈 문제를 풀게 한다.
   b) 인생은 불공평하다는 그의 주장에 고개를 끄덕이며 풀어 준다.
   c) 바퀴 모양의 바위를 몸 위로 굴려 깔아뭉개고, 심장을 꺼낸다.

답 : c) 차의 옹위을 급식이 산이에게 채롭을 바닥인다.

3. '동물 두개골' 이라는 별명을 가진 왕자도 포로로 잡혔다. 왕자는 아직 어린 소년이다. 어떻게 처리하겠는가?
   a) 반죽통에 집어넣어 커스터드로 만들어 먹는다.
   b) 새로운 왕으로 앉히고, 학교에도 보낸다.
   c) 깃털로 만든 먼지떨이로 죽을 때까지 간질인다.

> 답 : b) 대저에 식욕을 야리 곱이 시가름 대들 훌쩍 흘린다.

4. '이중 새'의 군대는 어떻게 처리하겠는가?
a) 진수성찬을 대접한다.
b) 손톱과 발톱을 뽑은 다음, 심장을 도려낸다.
c) 궁전의 초콜릿 공장에 보내 일하게 한다.

> 답 : b) 금상이 신도 세뇌들 좋아한다. 특히 신 사람에게서 빼내 온 심장을 좋아한다.

여러분이 얻은 점수 평가

0~1점: 마야의 천문학자가 되기에는 마음이 너무 여리다.

2~3점: 만약 여러분의 손에 심장을 도려내는 돌칼을 쥐어 준다면, 여러분은 끔찍한 사람으로 돌변할지도 모른다. 설마 지금 과학 선생님을 하고 있는 건 아니겠지?

4점: 사회에 위험한 인물이 될 가능성이 높지만, 마야에서는 훌륭한 천문학자가 될 수 있다.

만약 정말로 마야의 천문학자가 되고 싶다면, 직접 두 눈으로 금성을 관측해 보라(돌칼은 집에 놔 두고 오도록!).

왁자지껄 천체 관측 클럽

36쪽에서 이야기했던, 천체 관측에 필요한 것들을 챙겨라!
금성을 관측하려면 다음 지시대로 하면 된다.

1. 해가 지고 나서 두 시간 후, 서쪽 하늘에서 금성을 찾는다 (1년 중 약 절반 정도는 이 시간에 금성을 볼 수 있다. 그러니 만약 금성이 보이지 않으면 몇 달 후에는 나타날 것이다. 하하!)

2. 금성은 하늘에서 아주 밝게 빛난다. 금성을 뒤덮고 있는 유독한 기체 구름이 햇빛을 반사하기 때문이다. 정말 아름답지 않은가?

금성을 쉽게 찾았는가? 그랬으리라고 믿는다. 그런데 과거에 금성은 과학자에게 많은 수수께끼를 던져 주었다. 심지어 금성 때문에 일생을 망친 과학자도 있다.

기욤 르 장티라는 프랑스 과학자가 그랬다. 1761년, 르 장티는 금성의 태양면 통과를 관측하려고 했다. 즉, 지구에서 볼 때 금성이 태양 앞을 가로질러 지나가는 현상을 관측하려고 한 것이다. 무슨 말인지 이해하지?

 천문학자들에게 금성의 태양면 통과는 아주 특별한 사건이었다. 태양과 비교한 금성의 상대적 크기와 거리를 알 수 있는 절호의 기회였기 때문이다. 금성의 태양면 통과는 1761년에 일어날 예정이었고, 관측하기에 가장 좋은 장소는 인도였기 때문에 르 장티는 배를 타고 인도로 갔다. 그러나 그의 계획은 번지점프를 한 하마보다 더 빨리 틀어지고 말았다. 만약 르 장티가 동료 과학자들에게 편지를 썼더라면 아마 아래와 같은 내용이 아니었을까……

1761년 (인도에서)
프랑스 과학 아카데미의 친구들에게

안녕, 친구들!
좋은 소식과 나쁜 소식이 있어. 좋은 소식은 내가 금성의 태양면 통과를 보았고, 날씨가 아주 좋았기 때문에 모든 것을 잘 볼 수 있었다는 거야. 정말 환상적이었지. 나쁜 소식은 프랑스가 영국과 전쟁 중이라 내가 인도에 상륙할 수 없었다는 거야.
그래서 나는 배에서 태양면 통과를 볼 수밖에 없었고, 필요한 과학 장비를 설치할 수도 없었지 뭔가!

오, 이런! 세상에! 이럴 수가!
날씨는 지긋지긋하고, 곧 비가 억수같이 쏟아지기 시작했어. 그렇지만 나는 다음번 태양면 통과가 일어날 때까지 그냥 인도에 머물기로 결정했다네. 다음번 태양면 통과는 8년이나 기다려야 하지만, 그래도 이번에는 자리를 제대로 잡았으니 기다릴 만한 가치가 충분히 있겠지. 안녕, 친구들! 그럼, 다음에 만나세.

기욤 르 장티

추신: 내 가발에는 곰팡이가 자라고 있다네.

인도에서 7년 동안 기다리던 르 장티는 계산을 다시 해 보고는 얼굴이 하얗게 질렸다. 태평양의 마리아나 제도가 금성의 태양면 통과를 관측하기에 가장 좋은 장소로 나타났기 때문이다! 그래서 그는 부랴부랴 태평양을 향해 떠났다. 그러나 이번에도 운이 따라 주지 않았다.

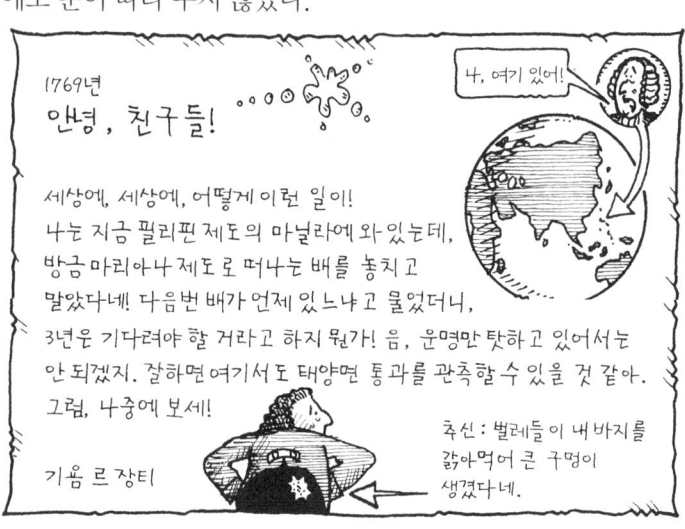

그러나 프랑스 과학 아카데미의 판단은 달랐다. 그들은 금성의 태양면 통과를 관측하는 데에는 차라리 인도가 더 나을 것이라고 생각했다. 그래서 르 장티는 할 수 없이 짐을 챙겨 왔던 길을 되돌아갔는데……

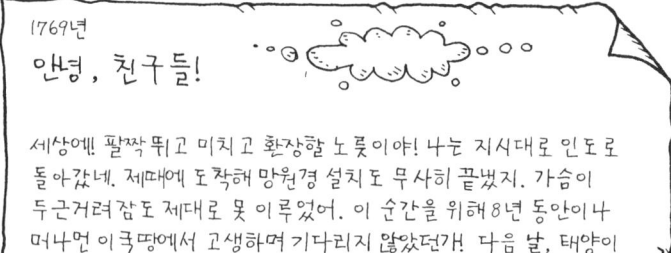

오, 저런! 그렇지만 여러분은 다음 행성을 보는 데에는 아무런 어려움이 없을 것이다. 여러분은 그것을 매일 보고 있고, 또 그 행성의 전문가일지도 모른다. 그렇다. 이번에는 바로 우리가 살고 있는 지구를 방문한다!

우리가 살고 있는 지구

만약 내가 살 만한 곳을 찾고 있는 외계인이라면, 주저하지 않고 지구를 택할 것이다. 액체 상태의 물과 공기 그리고 맛있는 피자가 있는 유일한 행성이니까! 그렇지만 내 이야기는 그만 하기로 하고, 이제 또다시 우리의 우주 SF 영화에서 또 하나의 에피소드를 소개할 때가 되었다. 외계인들은 지구를 어떻게 생각할까?

퉁가리와 함께 하는 태양계 환상 여행

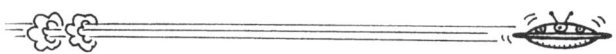

그 멍청하고 지긋지긋한 인간들만 득시글거리지 않는다면, 지구는 살기에 완벽한 장소처럼 보인다. 그런데 우리가 지구에 착륙했을 때, 코딱지족 가족은 인간처럼 멍청하게 굴었다.

태양계 X-파일

- **이름** : 지구
- **크기** : 지름 1만 2700km
- **위성** : 하나. 이름은 달.
- **자전 주기** : 24시간
- **공전 주기** : 365.25일
- **대기** : 질소가 78%, 산소가 21%를 차지하고, 나머지는 이산화탄소(0.5%)를 비롯한 여러 가지 기체가 차지하고 있다.
- **일기 예보** : 가운데 부분은 아주 무덥고, 양 극 지방은 아

주 춥다. 상당히 많은 양의 물이 작은 물방울 형태로 하늘에서 떨어진다. 지구인들은 이것을 비라고 부른다.

◎ **유익한 여행 정보** : 인간 과학자들은 휴대용 지붕을 개발했다. 지구인은 이것을 우산이라 부른다. 밖으로 나갈 때에는 이것을 하나 준비하는 게 좋다. 지구에 사는 일부 생물은 성질이 아주 사나우며, 여러분을 잡아먹으려고 덤빌지도 모른다.

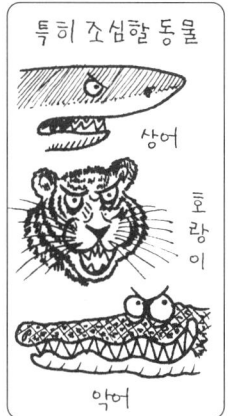

지구가 가까워지자, 나는 흥미로운 사실을 몇 가지 이야기해 주었다.

- 우주에서 볼 때 지구는 대체로 파란색을 띠고 있는데, 지표면의 71%가 물로 덮여 있기 때문이다. 구름도 공중에 떠다니는 작은 물방울로 이루어져 있다. 그런데 이 멍청한 지구인들은 자기 행성 이름도 제대로 짓지 못한다. 지구(地球)는 '땅으로 된 공이란 뜻'인데, 대부분 물로 덮여 있으니 '수구(水球)'라고 해야 하지 않나? 스너크 스너크!
- 지구에는 많은 생명체가 살고 있다. 그것은 우주에서도 볼 수 있다. 예를 들면 광대한 면적의 땅이 나무라는 녹색 생명체로 덮여 있다. 엄청나게 크긴 해도, 나무는 위험하지 않다. 여태까지 누굴 뒤쫓거나 공격했다는 이야기는 없으니까.

질질이와 훌쩍이는 지구의 생명체를 본 적이 한 번도 없는데, 내가 나무에 대해 이야기 할 때 제대로 듣지도 않더니 저러고 있다.

마침내 질질이가 처음으로 인간을 만났다.

그런데 그 인간에게는 아주 위험하고 사나운 동물이 있었다.

지구에는 또 미생물이라고 하는 아주 작은 생명체가 우글 거리고 있다. 이것들은 병을 일으킨다. 질질이가 병에 걸린 것 같다.

음, 나는 지구가 참 멋진 곳이라고 생각한다. 물론 편견일지 모르지만, 우주에서 지구를 바라본 사람은 누구나 그 파란색 바다와 하얀 구름이 빛나는 모습에 감탄한다. 지구는 햇빛을 많이 반사하기 때문에, 캄캄한 우주 공간에서도 밝게 빛난다.

1968년에 짐 러벌이라는 우주 비행사는 이렇게 말했다.

광대한 우주 공간에 이렇게 홀로 떠 있는 경험은 경외감을 불러일으키며, 우리가 지구에서 무엇을 가지고 있는지 깨닫게 해 준다. 이곳에서 바라본 지구는 광활한 우주 공간에 떠 있는 멋진 오아시스이다.

지구의 가장 큰 비밀

아름다운 것 빼고는 지구에 그다지 특별한 게 없다고 생각할지 모르겠다. 태양계에 있는 여덟 개의 행성 중 지구는 온도가 셋째로 높고, 자전 속도는 다섯째로 빠르다. 질량도 다섯째로 크고, 표면 중력은 넷째로 크다. 자, 이런 것으로 봐도 지구는 별로 특별한 것이 없지 않은가?

그 밖에 달리 눈에 띄는 거라도 있는가?

어느 모로 보나 지구는 중간밖에 안 된다. 그런데 바로 그 중간밖에 안 되는 것 때문에 지구는 특별하다! 지구는 생명이 살기에 너무 뜨겁지도 춥지도 않고, 표면 중력도 여러분과 나를 포함한 모든 생명체가 살아가기에 딱 적당하다.

그뿐만이 아니다. 생명이 살아가기에 적합한 그 밖의 특징도 여러 가지 있다. 내 친구 중에 너스레 씨라는 사람이 있는데, 최근에 행성 중개업으로 직업을 바꾸었다. 그는 지금 여러분에게 지구를 팔려고 한다. 자, 너스레 씨가 소개하는 광고 내용 중에 틀린 부분을 찾아보라.

그럼, 잠깐 광고를 보고 나서 다시 이야기를 계속하기로 하자……

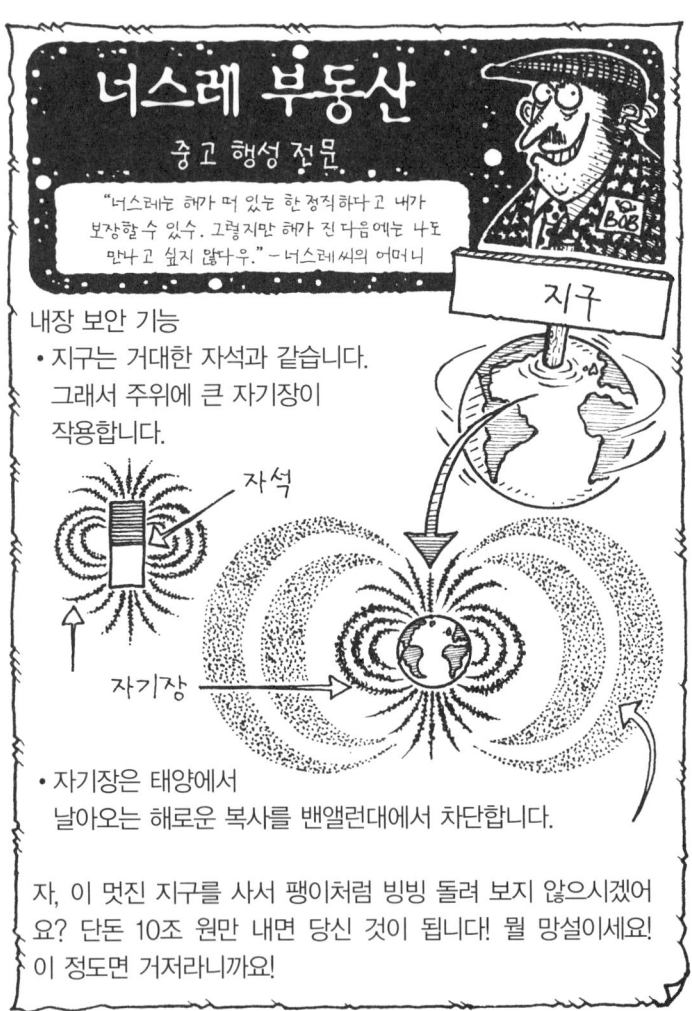

자, 여러분은 너스레 씨의 말을 듣고 지구를 사고 싶은 생각이 드는가? 참아라! 내가 알기로는 지구는 사고 팔 수 있는 물건이 아니다.

그러면 너스레 씨가 한 나머지 말은 맞는지 똑소리 씨에게 물어보자.

너스레 씨가 지구의 방어막에 대해 한 이야기는 사실이다. 그러나 밴앨런대라는 게 뭔가? 대(帶)라는 건 띠라는 뜻이고, 영어로는 벨트(belt)를 말하는데……. 똑소리 씨와 함께 일하는 흰소리 씨가 여기에 대해 멋진 농담을 생각해 냈다고 한다.

요건 몰랐을걸!

밴앨런대는 1958년에 그것을 발견한 미국 과학자 제임스 밴 앨런의 이름에서 딴 것이다. 밴앨런대는 지상 1000~2만 5000km 상공에 떠 있다. 태양에서 날아오는 해로운 복사가 이곳 밴앨런대의 자기장에 붙들려 갇힌다. 만약 우주선이 그곳에서 고장이라도 난다면, 우주 비행사들은 강한 태양 복사에 바싹 구워질 수도 있다.

자, 그럼 너스레 씨의 제안을 받아들여 지구를 빙 돌려 볼까? 실제로 이것은 가능하다. 왜냐하면…….

충격적인 뉴스! 지구가 움직이고 있다!

지금 여러분은 초속 약 30km(시속으로는 약 10만 8000km)의 속도로 우주 공간을 달리고 있다. 이것은 지구가 태양 주위를 돌고 있기 때문이다. 그러니까 여러분이 이 페이지를 읽기 시작한 때부터 지금까지 약 300km를 이동했다는 이야기가 된다. 그뿐만이 아니다! 여러분과 나, 고양이, 금붕어를 비롯해 땅 위에 있는 모든 것이 팽이처럼 빙빙 도는 지구와 함께 돌고 있다.

침대에 누운 채 즐기는 공짜 세계 일주 여행

여러분은 그저 적도(지구의 한가운데를 수평으로 지나가는 가상의 선)상의 어느 지점에서 하루 종일 침대에 누워 있기만 하면 된다. 지구가 자전함에 따라 여러분도 함께 지구 주위를 돌게 된다. 정확하게 하루 만에 여러분은 지구를 한 바퀴 도는 거리를 이동한다.

사실이다! 여러분은 침대에 누운 채 시속 약 1670km의 속도로 우주 공간에서 4만 km를 이동한 것이다!

이번에는 침대를 북극점으로 옮겨 놓았다고 상상해 보자(음, 거꾸로 눕고 싶다면 남극점으로 가도 좋다. 침대에 이불이 단단하게 고정돼 있어야 하겠지만). 그러면 하루 종일 누워 있어도 스케이트 선수가 제자리에서 빙 도는 것처럼 여러분은 제자리에서 한 바퀴 도는 것에 그치게 된다. 이해가 잘 안 간다고? 아래 그림을 보면 조금 도움이 될 것이다.

만약 여러분이 북극점에 있다면, 바로 머리 위에 북극성이 보일 것이다. 지구가 자전함에 따라 그 주위에 있는 다른 별들은 북극점을 중심으로 원을 그리며 도는 것으로 보인다. 물론 북극성을 보려고 북극점까지 갈 필요는 없다. 북반구에서는 어디서든지 북극성을 볼 수 있다.

왁자지껄 천체 관측 클럽

우선 36쪽에서 챙기라고 한 물건을 챙겨라!

북극성을 보고 싶으면 다음 지시대로 따라 하면 된다.

1. 거리의 불빛이 비치지 않는 어두운 장소를 찾아간다.

2. 하늘을 바라본다. 그리고 북두칠성을 찾는다. 이 아름다운 7개의 별은 북쪽 하늘에서 쉽게 찾을 수 있을 것이다. 북두칠성은 큰곰자리의 일부이다.

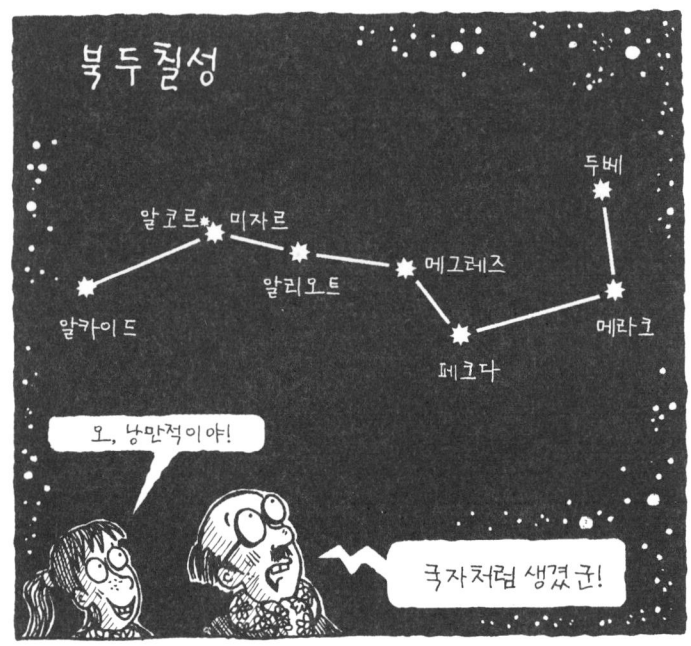

메라크와 두베를 잇는 선을 따라 계속 위로 올라가다 보면 북극성을 만나게 될 것이다.

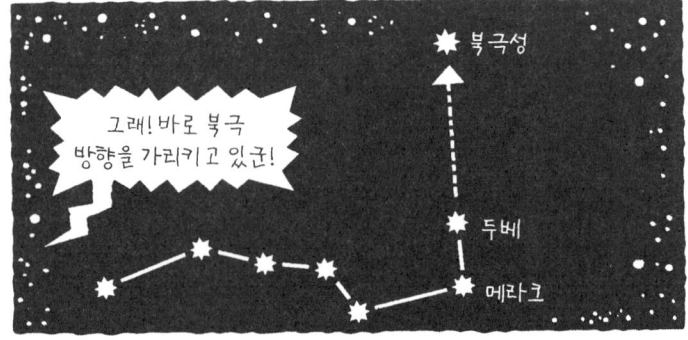

3. 알코르도 보이는가? 하늘이 아주 캄캄하면 찾기가 좀 더 쉽다. 1000년 전에 아랍인은 알코르를 볼 수 있는지 없는지로 시력이 좋은지 나쁜지 판정했다.

4. 북극성은 태양보다 약 2000배나 밝은 큰 별이지만, 다행히도 480광년이라는 먼 거리에 있다.

5. 북극성은 항상 북극점 바로 위에 있는 것처럼 보이기 때문에, 북극성만 발견하면 북쪽이 어디인지 알 수 있다.

> **요건 몰랐을걸!**
>
> 지구는 똑바로 선 자세를 유지한 채 얌전히 자전하고 있는 것이 아니다. 그래서 서기 1만 4000년에는 다른 별이 북극성이 될 것이다! 이런! 그럼, 그때가 되면 이 책을 다시 고쳐 써야 하잖아!
>
> 그렇지만 그로부터 다시 1만 2000년 뒤에는 현재의 북극성이 제자리를 찾게 될 테니, 그때 이 책 위에 쌓인 먼지를 훅 불고 읽으면 된다.

잠깐만! 남반구에 살고 있는 사람이라면, 북극성을 볼 수 없을 테니 짜증이 날지도 모르겠다. 그렇지만 대신에 남십자자리를 볼 수 있으니 화를 가라앉히기 바란다.

왁자지껄 천체 관측 클럽

남십자자리를 보고 싶으면 다음 지시대로 따라 하라.

1. 아래 그림과 같은 별자리를 찾아라.

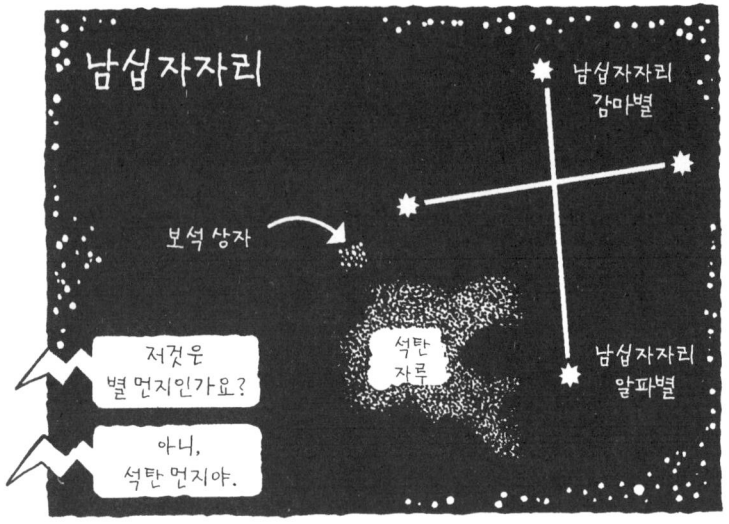

2. 남십자자리의 긴 팔을 다섯 배 연장하면, 그곳이 바로 남극점이다.

3. 충격적인 소식 하나! (뭐, 나한테는 전혀 충격이 아니지만) 석탄 자루에는 석탄이 하나도 없고, 보석 상자에도 보석이 없다. 석탄 자루는 아주 커다란 암흑 가스 성운이고, 보석 상자는 먼 곳에 있는 별들의 집단이다.

그런데 이번에 볼 것은 여러분이 지구의 어느 곳에 있든지 관계없이 누구나 볼 수 있다. 자, 그림 다음 쪽을 넘겨 달을 살펴보자.

지구의 유일한 위성, 달

달은 수십억 년 전에 작은 행성이 지구에 충돌하여 기후가 변하면서 생겨났다. 그러면 그 이야기를 좀 더 자세히 살펴보자.

대충돌

화성만 한 크기의 행성이 지구 머리에 쾅 충돌하면서 커다란 암석 덩어리들이 반쯤 녹은 상태로 지구에서 떨어져 나갔다. 암석 덩어리들은 중력에 의해 들러붙어 공 모양으로 뭉쳐지기 시작했고, 이것이 점점 커져 달이 되었다! 지구에 계절 변화가 생긴 것도 이 사건 때문이었다.

그때, 지구는 균형을 잃었고, 그 후로 항상 23.44°의 각도로 비스듬하게 기울게 되었다.

그래서 지구가 태양 주위를 도는 동안 남반구와 북반구가 번갈아 가며 태양에 더 가까워지는데, 태양에 가까운 쪽이 여름이 된다. 계절 변화가 왜 생기는지 알았으니, 이제 다시 퉁가리가 이끄는 외계인 여행단에게 가 보자.

퉁가리와 함께 하는 태양계 환상 여행

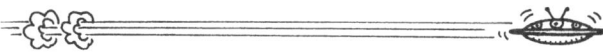

달이 가까워지자 나는 코스모에게 달에 대한 정보를 달라고 요청했다. 그렇지만 그 전에 컴퓨터 칩에 묻은 녹색 침을 깨끗이 닦아 내야 했다. 아이고, 내 신세야! 늘 침을 질질 흘리는 지저분하고 역겨운 코딱지족을 모시고 다녀야 하다니!

태양계 X-파일

- 이름 : 달
- 크기 : 지름 3476km
- 지구와 비교한 크기 : $\frac{1}{4}$
- 지구와 비교한 표면 중력 : $\frac{1}{6}$
- 자전 주기 : 약 28일
- 공전 주기 : 365일 6시간
- 대기 : 거의 없는 편임
- 일기 예보 : 날씨는 아주 춥든지 아주 덥든지, 두 가지뿐이다. 낮에는 온도가 110°C까지 올라가며, 태양 복사가 강렬하게 내리쬔다. 그렇지만 밤에는 -170°C까지 온도가 내려간다. 물이 없기 때문에 비는 전혀 내리지 않으며, 공기가 없기 때문에 바람도 불지 않는다.
- 유익한 여행 정보 : 반드시 우주복을 입고 밖으로 나가야 한다. 우산은 우주선에 놓고 나가도 된다.

우주에서 달의 풍경을 내려다보면서 나는 코딱지족에게 흥미로운 달의 특징을 설명해 주었다.

- **크레이터** – 달의 크레이터는 우주에서 날아온 암석이 충돌하여 생겨났다. 달에는 크레이터가 약 30만 개 있다고 했더니, 멍청한 코딱지족은 그것을 일일이 세어 보려고 했다. 일부 크레이터는 깊이가 수천 미터나 되어 그 바닥에 햇빛이 미치지 못한다. 거기에는 얼음이 있을지도 모른다.

• **지구** – 달에서 지구를 보면 지구에서 본 달보다 훨씬 크고 밝게 보인다. 그야 당연하지! 지구가 달보다 훨씬 크니까.

• **바다** – 38억 년 전에 우주에서 날아온 거대한 돌이 달에 부딪혔다. 이때 녹아 흐른 검은색 암석으로 뒤덮인 넓은 지역이 있는데, 어리석은 지구인이 이것을 바다라고 생각해 바다라고 이름 붙였다. 여기서 서핑을 즐길 생각은 꿈도 꾸지 말 것!
훌쩍이는 내가 '바다'라고 하는 소리를 듣고는 해변으로 놀러 가는 줄 알았나 보다.

달은 지구보다 작기 때문에 중력도 약하다. 그러니까 이곳에서는 모든 것이 지구에 비해 무게가 $\frac{1}{6}$밖에 나가지 않는다. 코딱지족은 이 말에 놀란 표정을 짓는다.

음, 달은 참 멋진 곳 같다. 그러나 NASA(미 항공우주국)는 내게 우주 비행사가 될 자격이 없다고 통보해 왔다. 그래서 나는 그냥 지구에서 달을 쳐다보는 걸로 만족하기로 했다. 불쌍하게 여기지 말라. 달을 쳐다보는 것도 충분히 재미있으니까. 특히 왁자지껄 천체 관측 클럽 회원이면 더욱 그렇다!

왁자지껄 천체 관측 클럽

자, 다음 사항들을 확인하면서 달을 관측해 보라.

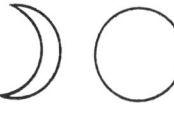
초승달 보름달

이지러진 보름달

1. 달은 어떤 모양인가?

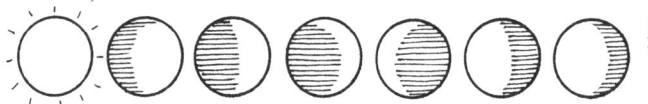

중요한 과학적 사실

달이 지구 주위를 도는 동안 위치에 따라 지구에서 볼 때 햇빛을 반사하는 부분이 다르게 보인다. 그믐달은 지구에서 볼 때 달이 태양에 바짝 가까이 다가가 거의 보이지 않을 정도로 가느다랗게 보인다. 그 후, 달은 점점 커져 가다가 보름달이 된 다음, 다시 점점 작아진다.

2. 지금 몇 시?

그믐달은 해가 떠오를 때 떠올랐다가 해가 질 무렵에 진다. 달이 기울고 있을 때에는(크기가 작아질 때에는) 한밤중에 떠올랐다가 한낮에 진다.

보름달은 해가 질 무렵에 떠올라 해가 뜰 무렵에 진다. 따라서 보름달이 하늘 높이 떠오를수록 한밤중에 가까운 시간이다.

3. 달 표면에서 어떤 특징을 볼 수 있는가?
다음 세 가지는 망원경 없이도 볼 수 있다.

남아메리카, 오스트레일리아, 뉴질랜드, 남아프리카 독자들의 눈에는 달이 이렇게 보일 것이다.

그렇지만 지구 상의 어디에 있든지 간에 우리는 달의 한쪽 면밖에 볼 수 없다. 그것은 달이 우리에게 뒤를 보여 주고 싶지 않아서 그런 것이 아니다. 항상 같은 면을 지구 쪽으로 향한 채 지구 주위를 돌기 때문이다. 어떻게 그런 일이 일어나는지 보여 주기 위해 똑소리 씨가 내 회전 의자에 앉고, 흰소리 씨가 그 주위를 돌고 있다. 여기서 똑소리 씨는 지구에 해당하고, 흰소리 씨는 달에 해당한다. 원한다면 집에서 동생이랑 같이 해 봐도 된다!

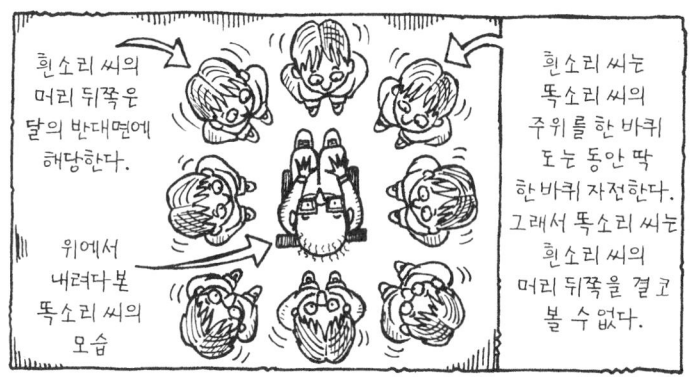

달과 마찬가지로 흰소리 씨는 똑소리 씨의 주위를 한 바퀴 돌 때마다 한 바퀴 자전한다. 그 동안에 똑소리 씨는 제자리에서 28바퀴 뱅뱅 도는데, 한 바퀴 도는 것을 우리는 '하루'라 부른다. 오, 저런! 그만 해야겠다! 똑소리 씨가 토하고 있다.

자, 이제 여러분은 달에 관한 수수께끼를 다 안 것 같은 기분이 들지? 그러나 그것만으로 여러분은 천문학자가 될 자격이 있을까? 아니면 잠시 우쭐한 기분에 취한 것일까? 다음 퀴즈를 풀어 보면 알겠지…….

우주 퀴즈 1탄

달을 연구하는 과학자들은 달에 관해 아주 괴상한 가설들을 만들어 냈다. 다음 중 그들이 주장한 가설이 아닌 것은 어느 것일까?

1. 윌리엄 피커링(1858~1938)과 조지 다윈(1845~1912)은 수십억 년 전에 지구가 자전을 하면서 그 원심력으로 떨어져 나간 부분이 달이 되었다고 주장했다. 그때 달이 떨어져 나간 부분이 오늘날의 태평양이 되었단다.

2. 프레데리크 프티(1810~1865)는 달이 두 개 있다고 주장했다. 하나는 너무 작아서 보이지 않는다나.

3. 페테르 한센(1795~1874)은 달이 서양배처럼 생겼다고 주장했다.

4. 한스 회르비거(1860~1931)는 달의 산이 얼음으로 만들어졌다고 주장했다. 그리고 처음에는 달이 많이 있었는데, 지구와 충돌해 없어졌으며, 그 과정에서 지구에 살고 있던 거인들이 모두 죽었다나.

서양배라고? 또라이 아냐?

답: 1. 진실. 73첫에서 설명했듯이, 이것은 아주 훌륭한 생각이었다.

2. 진실. 1850년대에 많은 천문학자들은 두 번째 달을 찾느라고 혈안이 되었다. 그렇지만 아직까지 아무도 발견하지 못하였다.

3. 가짜. 페테르 한센은 달이 둥글었다면 생겼고, 우리에게 보이지 않는 면에는 그 불룩한 면으로 달들이 살고 있다고 믿었다. 그러므로 이 이야기는 진실일지도 모른다.

4. 진실. 철저히 미친 생각이었다. 그런데 세계 이차 대전 때 히틀러와 독일군은 이들의 몰지각한 과학자들 때문에 공공연히 이것을 세계에 자랑했었다.

아, 바보들!

여러분에겐 이런 가설들이 바나나 껍질을 먹고 알맹이는 버리는 사람만큼이나 우스꽝스럽게 보일지도 모르겠다. 물론 여러분 생각이 맞다. 그러나 여러분은 과연 이들보다 낫다고 할 수 있을까?

우주 퀴즈 2탄

다음 중 달에서 발견된 것 두 가지는?
a) 평소에는 여러분의 콧속에 사는 세균
b) 마늘 냄새가 나는 먼지
c) 영롱한 색깔을 가진 유리
d) 흐물흐물한 녹색 상추

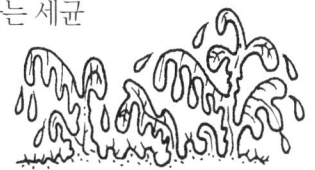

> 答 : b, c) 먼지라고? 달에는 양이 많지 않지만 그곳의 흙을 1969년에 아폴로 11호 우주비행사들이 달에서 지구로 가져왔다. 이 먼지는 아주 특별한 냄새를 풍겼는데, 곤이 아니라 그 냄새는 쓴 마늘 냄새를 연상시키는 것이었다. 달표면을 여행하는 우주비행사들은 헬멧 속에서도 그 냄새를 맡을 수 있었다.
>
> c) 유리, 달의 먼지 속에는 작은 유리 알갱이가 있다. 생채기도 나 있고 광물을 많이 포함한 유리 알갱이다. 이 조각들은 그렇게 많이 반짝거리지는 않지만, 아이들이 달 여행에서 귀엽고 특이한 기념품으로 가지고 올 수 있다. (굴롬과 롤롬은 가끔 여러분도 간지러워한다.) 그러므로 a가 정답은 아니다. 세균들을 많이 배출하기는 해도.

이름의 유래

망원경으로 달을 처음 바라본 사람은 이탈리아의 갈릴레오 갈릴레이(1564~1642)였는데, 그는 달에도 '바다'가 있다고 생각했다. 그리고 여러 바다에 이름까지 지어 주었다.

달에서 여러분이 가고 싶어 할 바다로는 다음과 같은 것들이 있다.
- 무지개만
- 꿈의 호수

또 여러분이 별로 가고 싶어 하지 않을 바다로는 다음과 같은 것들이 있다.
- 폭풍의 대양
- 부패의 늪
- 죽음의 호수

과학자를 쩔쩔매게 만드는 이름들

달이나 행성의 어떤 장소들은 지구에 있는 장소나 사람의 이름을 따서 지어졌다. 이러한 이름들은 과학자를 골탕 먹이기에 딱 좋다.

다음과 같은 것들을 물어 보라.

그러면 과학자는 그렇다고 대답할 것이다. 맞다. 분명히 알프스는 유럽에 있으니까.

그러면 여러분은 "틀렸어요. 알프스 산맥은 달에 있어요!"라고 말한다. 이것 역시 맞다. 알프스 산맥은 달에도 있으니까.

만약 과학자가 "중동에 있지."라고 대답한다면, "틀렸어요. 그것은 화성에 있는 사막이에요."라고 말해 주라. 이것 역시 사실이니까. 자, 이제 점점 질문이 까다로워진다.

그러면 이렇게 말해 주라. "그 유명한 작곡가 말고, 제가 말하는 건 지름이 644km인 크레이터라고요." 수성의 크레이터들에는 유명한 작가와 예술가 이름이 붙어 있다.

그래서 수성에는 마크 트웨인도 있고, 레오나르도 다 빈치도 있다. 소행성 중에도 베토벤이 있다고 말해 주면 과학자의 기를 완전히 콱 죽일 수 있을 것이다.

요건 몰랐을걸!

달의 크레이터 이름 중 상당수는 이탈리아 천문학자 조반니 리치올리(1598~1671)가 지었는데, 주로 유명한 천문학자의 이름을 따서 붙였다. 이 뛰어난 크레이터 이름 작명가는 자기 이름과 자기 친구 이름을 커다란 크레이터에 붙였지만, 갈릴레이는 싫어했기 때문에 아주 작은 크레이터에 갈릴레이의 이름을 붙였다.

그런데 달에서 춥고 어두운 곳조차도 다음번에 우리가 방문할 장소에 비하면 아늑한 낙원이다. 이 행성에서 살아가라면 꽉 막힌 배수관 속에 갇힌 것처럼 갑갑할 것이다. 그런데 이곳에 괴물이 살고 있다는 게 사실일까? 아니면, 그저 누군가 지어낸 헛소문에 불과할까?

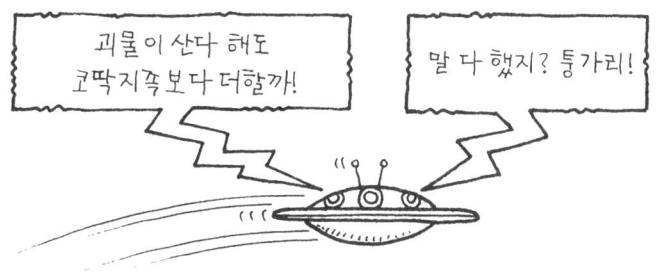

화성에 과연 괴물이 살고 있을까?

화성은 괴물 사냥꾼들이 꼭 보아야 할 장소이다. 이 장에서 여러분은 괴물이 나올 만한 으스스한 풍경과 괴물 이야기를 만나게 될 것이다. 또 다음 몇 페이지에서 꿈틀거리며 기어 다니는 아주 작은 화성 괴물들도 만날 것이다.

화성에는 뭔가가 있는 것처럼 보였고, 이것은 사람들의 큰 흥미와 관심을 자극했다. 1997년, 전 세계 사람들은 인터넷으로 화성에서 생방송되는 텔레비전 화면을 보았다. 물론 외계인 방송국에서 보내온 것이 아니었다. 그것은 화성에 착륙한 무인 우주 탐사선 소저너호에 설치된 텔레비전 카메라가 보내온 영상이었다.

그러나 생생한 그 영상은 죽음의 땅만 보여 주었다. 화성에서는 어떤 생명체의 움직임도 발견되지 않았고, 황량하고 을씨년스러운 암석 사막과 분홍색 하늘만 보였다. 차라리 한밤중에 공동묘지에서 생명을 찾는 게 훨씬 쉬웠지만, 그래도 그 광경을 바라본 전 세계 10억여 명의 사람들은 경이로움을 느꼈다.

이 탐사 임무에서 가장 큰 관심을 끈 부분은 브라이언 쿠퍼라는 사람이 가상 현실 소프트웨어를 사용해 전파로 조종되는 로봇 차량, 로키를 화성 표면 위에서 달리게 한 것이었다. 뭐? 부모에게 크리스마스 선물로 로키를 사 달라고 해야겠다고?

그럼, 광고 말씀 듣고 잠시 후에 다시 찾아뵙겠다.

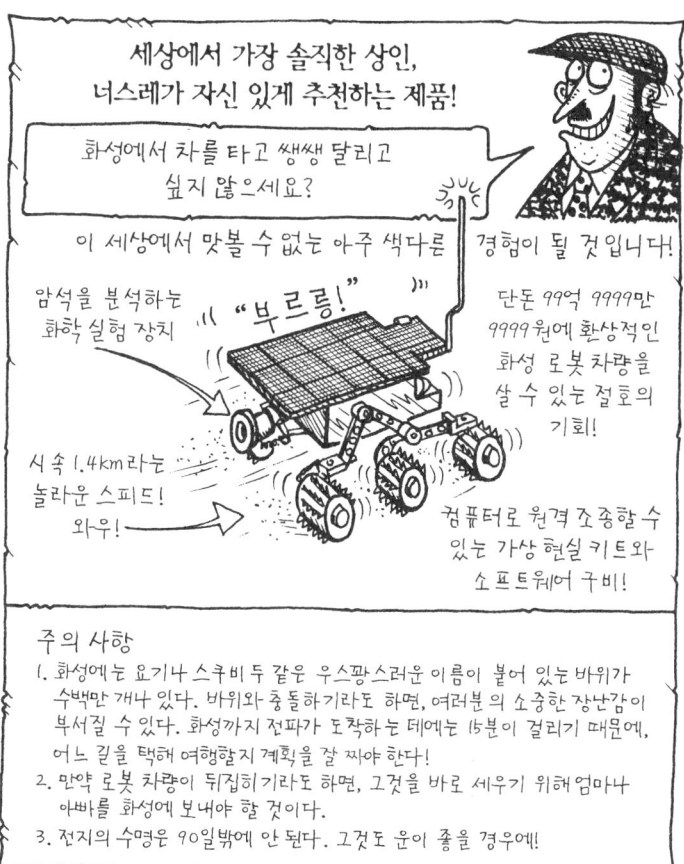

뭐, 그래도 로봇 차량이 작동을 하는 동안에는 그런대로 재미있었다. 그런데 애석하게도 방금 나사(NASA) 과학자들이 내

게 화성의 로봇 차량 운전을 맡길 수 없다고 통보해 왔다. 내가 뭐 어때서? 그 사람들은 늘 남의 사소한 결점을 들추어 내는 데에는 도사다. 어쨌든 화성에 꼭 가고 싶은 사람을 위해 방법을 가르쳐 주겠다.

a) 조만간 사람을 화성에 보내는 우주 탐사 계획이 있을 테니 그때까지 기다려라. 혹시 아는가? 그들이 여러분을 화성에 보내 줄지.

그게 잘 안 될 것 같으면, 이 책을 산 독자를 위해 특별한 방법을 마련했다.

b) 다음 실험을 통해 화성에 가면 마주칠 일들을 미리 맛보는 것이다.

직접 해 보는 실험: 화성의 먼지 폭풍 만들기

준비물 :

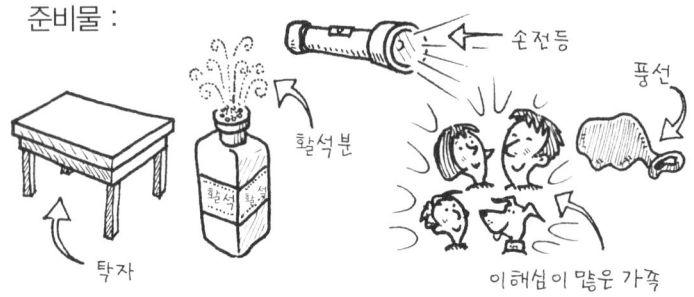

실험 방법 :

1. 방 안을 캄캄하게 하거나 어두워질 때까지 기다린다. 손전등에 불을 켜고, 옆에서 탁자를 비출 수 있는 곳에 놓아둔다.
2. 탁자에 활석분을 뿌린다.
3. 풍선을 불었다가 바람을 빼길 여러 차례 반복한다.

4. 이제 풍선을 크게 분 다음, 풍선 주둥이를 탁자 위에 갖다 대고 거기서 나오는 바람으로 활석분을 날린다.

실험 결과 :

먼지가 소용돌이치면서 커다란 먼지 구름을 이루어 공중으로 솟아올라 진짜 화성의 먼지 폭풍처럼 떠다닐 것이다. 정말 환상적인 장면 아닌가? 실제로 먼지 폭풍은 화성에서처럼 바람이 먼지 알갱이를 날려 보내 서로 부딪치게 만들고, 그것이 다시 다른 먼지 알갱이들과 충돌해 날려 보내면서 생겨난다.

> **어린 독자들이 알아 두어야 할 주의 사항**
> 집 안에 활석분 먼지 폭풍을 일으키기 전에 반드시 부모님의 허락을 받도록 하라. 안 그랬다간 여러분은 화성으로 유배되거나 먼지 폭풍이 완전히 가라앉을 때까지 화장실에 갇힐지도 모른다.

자, 그러면 다시 외계인 관광단이 모험을 즐기는 SF 영화로 돌아가 보자. 이번에 그들은 화성을 둘러보기로 했다.

퉁가리와 함께 하는 태양계 환상 여행

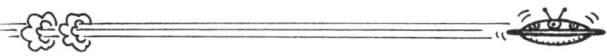

화성은 내가 태양계에서 가장 좋아하는 행성이다. 풍경이 지구보다 훨씬 웅장할뿐더러 자연 풍경을 망치는 멍청한 인간도 없다! 나는 코딱지족에게 화성에서 등산의 즐거움을 맛보여 주기로 결정했다. 그래서 코스모에게 화성에 관한 기초 정보를 달라고 했다.

태양계 X-파일

- 이름 : 화성
- 크기 : 지름 6800km
- 지구와 비교한 크기 : 지구의 절반
- 지구와 비교한 표면 중력 : 지구의 $\frac{1}{3}$ 정도
- 위성 : 데이모스와 포보스라는 위성 두 개가 있다. 이 두 위성은 지름이 수십 km에 불과하다.
- 자전 주기 : 24시간 37분
- 공전 주기 : 687일
- 대기 : 이산화탄소가 약간 있음.
- 일기 예보 : 기온은 영하 30°C 정도로 매우 춥다. 비는 내리지 않는다. 사실, 지난 40억 년 동안 비가 한 번도 내린 적이 없다. 가끔 먼지 폭풍이 일어나는데, 며칠이나 계속된다. 그렇지만 크게 걱정할 것 없다. 공기가 희박해 바람이 아주 약하기 때문이다. 그러니 먼지 폭풍에 날려갈 일은 없을 것이다.
- 유익한 여행 정보 : 흙 속에 들어 있는 화학 물질이 신발과 함께 퉁가리의 발가락 24개 중 일부를 녹일 수도 있다.

화성에 착륙하는 순간, 나는 코딱지족에게 멋진 경치를 보여 주었다.

- 매리너 계곡은 태양계에서 가장 큰 계곡이다. 깊이가 6.4km이고, 너비는 241km나 된다. 지구에서 가장 크게 갈라진 틈인 그랜드캐니언보다 네 배나 깊고, 여섯 배나 넓다. 그리고 그 길이는 지구에서 제법 크다는 미국이라는 나라를 횡단하고도 남을 만큼 길다.
- 수십억 년 전에 강물이 흘렀던 것으로 보이는 계곡과 호수의 흔적도 남아 있다. 어떤 계곡은 폭이 24km 이상, 깊이는 100m 이상이나 된다.
- 데이모스와 포보스는 화성의 중력에 붙잡힌 소행성일 가능성이 높다. 둘 중 조금 더 큰 위성인 포보스는 서쪽에서 떠서 동쪽으로 지는데, 4.5시간 만에 하늘을 가로질러 간다. 데이모스는 아주 작아서 밝은 별처럼 보인다.
- 올림푸스산은 태양계에서 가장 높은 산이다. 올림푸스산은 폭이 483km, 높이가 25km나 되는 화산이다. 그 폭은 지구에서 폭이 가장 큰 화산의 두 배에 이르고, 높이는 에베레스트산의 세 배에 이른다.

우리는 올림푸스산을 오르기로 결정했는데, 출발지는 정상이었다! 정말이다!(요즘 관광객들은 아주 편하게 여행을 하려고 한다) 코딱

지족은 에너지를 보충하기 위해 끈적끈적한 아이스크림을 쭉쭉 빨아먹고 있다.

바로 그때, 질질이가 데이모스에 가 보고 싶다고 떼를 썼다. 데이모스는 아주 작아서 중력도 약하다. 여기서는 몸무게가 거의 느껴지지 않는다!

갑자기 훌쩍이가 방귀를 뿡 뀌었다. 중력이 약하다 보니 방귀는 훌쩍이를 우주 공간으로 휭 날려 보냈다.

그렇지만 로봇견이 달려가 훌쩍이를 구했다.

화성의 위성에 대해 잘 알려지지 않은 사실 다섯 가지

1. 데이모스는 중력이 아주 약해서 자전거를 타고 달리기만 해도 우주 공간으로 탈출할 수 있다. 그래서 훌쩍이의 초강력 방귀가 마치 로켓을 쏘아 올리는 화염처럼 훌쩍이를 우주로 날려 보낸 것이다.

2. 화성에서 볼 때 데이모스가 어떻게 보일지 궁금하다면, 이 실험을 직접 해 보라. 친구에게 감자를 손에 들고 운동장 한쪽 끝에 서 있으라고 한다. 그리고 반대쪽 끝에서 보면 그 감자는 화성에서 바라본 데이모스만 한 크기로 보일 것이다. 다시 말해서, 화성에서 본 데이모스의 크기는 별로 크지 않다(만약 짓궂은 장난을 치고 싶은 생각이 든다면, 친구가 감자를 들고 몇 시간 동안 서 있게 내버려 두고 운동장을 떠나라).

3. 실제로 데이모스는 감자처럼 생겼다. 그렇지만 감자 칩 맛은 나지 않는다.

4. 포보스는 화성 주위를 한 바퀴 돌 때마다 나선을 그리며 100일에 18cm씩 점점 아래로 떨어진다. 이 속도라면 4000만 년 후에는 화성 표면에 충돌할 것으로 보이는데, 그때 화성에 살고 있을 인간이나 외계인에게는 날벼락이 될 것이다.

5. 1950년대에 우크라이나의 과학자 이오시프 사무엘로비치 슈클롭스키는 화성의 위성은 아주 지능이 높은 화성인이 만든

것이라고 주장했다. 그러나 1971년에 미국의 우주 탐사선이 찍어 보낸 사진에서 포보스가 그저 큰 암석 덩어리에 불과하다는 사실이 드러나자, 얼굴이 빨개진 그 과학자는 농담한 것이라고 둘러댔다.

외계인 침공

그렇다면 외계인 침공이나 화성의 괴물 이야기는 어떻게 된 것일까? 태양계에 외계인이 살고 있다는 확실한 증거는 없다. 옛날에 일부 과학자는 화성인이 있다고 생각했다. 또, 금성에도 생명체가 살고 있다고 생각한 과학자도 있었다. 그러나 이러한 주장은 전혀 근거가 없으며, 믿기 어렵다.

살짝 맛이 간 과학자들이 내세운 대단한 주장들

1. 스웨덴 과학자 스반테 아레니우스는 금성은 늪지로 뒤덮여 있다고 말했다. 일부 과학자들은 그곳에 공룡이 살고 있을 것이라고 추측했다.

2. 1830년대에 독일 천문학자 프란츠 폰 파울라 그루이투이젠은 금성이 47년마다 평소보다 훨씬 밝게 빛나는데, 금성인이 새 황제의 즉위를 축하하기 위해 불을 밝히기 때문이라고 주장했다.

똑소리 씨가 이야기해 주는 재미없는 진실

1. 금성에는 물이 없어요. 또 온도가 아주 높아서 공룡이 있다면 그대로 통구이가 되고 말 겁니다.

2. 금성이 아주 밝게 빛나는 이유는 이미 58쪽에서 이야기했지요. 과학자들은 금성의 밝기가 변하는 이유를 정확하게 알지 못합니다. 그렇지만 외계인 황제하고 상관이 없다는 것만큼은 확실합니다.

그렇지만 허무맹랑한 그런 주장들도 외계인이 존재한다는 다음 주장과 비교하면 아주 점잖은 이야기로 들릴 것이다!

뉴욕 선
1835년 8월 27일

거대한 비버가 달에서 뛰어다니다!

존 허셜 경

존 허셜의 이야기를 바탕으로 화가가 그린 비버의 모습

천문학자 존 허셜이 달에서 거대한 비버를 보았다고 한다! 이 천문학자는 "그 비버는 두 발로 걸어다니고, 꼬리가 없었어요."라고 말했다. 또 달 표면에는 나무가 무성하게 자라고 있으며, 털이 치렁치렁하고 귀를 쫑긋거리는 들소 떼와 날개 달린 원숭이를 닮은 사람도 보았다고 한다. "이 세상의 모습하고는 너무나도 달랐어요. 물론 제 말이 터무니없게 들리겠지만, 어쨌든 그곳은 지구가 아니니까요!"라고 존 허셜은 주장한다.

독자에게 드리는 감사의 말

야호! 저희 신문을 구독하시는 독자여러분에게 감사드립니다. 저희는 파산 직전에 이르렀으나, 달에서 발견된 외계인 기사가 나가면서 저희 신문은 세계 최고의 판매 부수를 자랑하게 되었습니다. 히히!

그래서 결말이 어떻게 되었느냐고? 이 터무니없는 이야기는 리처드 애덤스 로크(1800~1871)라는 기자가 지어낸 것이었다. 당시 진짜 존 허셜 경은 남아프리카 공화국에 있었다. 허셜 경은 《뉴욕 선》지의 기사 이야기를 듣고는 당황했으나, 곧 배꼽을 쥐고 웃었다고 한다.

그렇다면 화성의 괴물 이야기는 어떻게 된 것인가?

오, 그렇지. 기억나게 해 주어서 고맙다. 유명한 천문학자 중에 화성에 외계인이 살고 있다는 이야기를 믿었던 사람으로는 퍼시벌 로웰(1855~1916)이 있다. 로웰은 이미 죽은 지 오래되었지만, 죽은 사람도 출연시키는 텔레비전 프로그램에 기꺼이 나오겠다고 약속했다.

미국에서 발사한 무인 우주 탐사선 바이킹 1호와 2호가 1975년과 1976년에 화성에 착륙하여 조사한 결과, 화성에는 생명이 살아가기에 꼭 필요한 조건이 부족하다는 사실이 밝혀졌다. 즉, 따뜻한 온기와 물과 공기가 없었다.

너스레 씨가 좋지 않은 소식을 전하면서 화성을 헐값에 팔겠다고 하는데…….

너스레 부동산
중고 행성 파격 세일!

"너스레는 정말 매력적인 아이였어요. 잠자고 있는 동안에는 나쁜 짓을 전혀 하지 않았지요." - 너스레 씨의 어머니

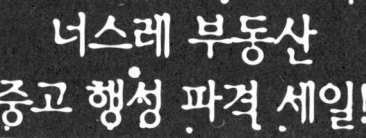

화성

- 맞습니다. 이 행성은 비록 46억 년이나 되긴 했지만, 정말 오래된 진정한 골동품이라 할 수 있습니다.

진짜 멋진 행성!

이상적인 크기!

- 지나치게 큰 편은 아닙니다. 아담하지요. 큰 행성을 좋아하지 않는 사람들이 있으니까요.

습기도 없음!

매혹적인 색깔!

- 정말로 보기 좋게 불그스름한 색을 띠고 있습니다. 녹이 아니냐고요? 무슨 그런 말씀을…… 아, 물론 암석들이 좀 녹슬긴 했어요. 그렇지만 그것도 화성의 특이한 매력이죠.

- 조금 춥긴 해요. 그렇지만 우리 어머니가 늘 하시는 말씀처럼 조금 춥다고 해서 죽진 않아요. 음, 추워서 죽을 수도 있겠군요. 그렇지만 건강에 도움도 돼요!

- 예, 이 행성은 지금 당장은 아주 건조해요. 그렇지만 대신에 습기와 곰팡이 때문에 고민할 필요가 없잖아요?

직접 화성으로 와서 한번 보세요. 마음에 쏙 들 겁니다.

저렴한 가격!

단돈 700억 원에 이 멋진 행성을 드립니다.
(밑지고 파는 것임. 절대로 바가지 씌우는 거 아님.)

너스레 씨가 한 말 중 진실과 거짓

너스레 씨의 선전을 액면 그대로 다 받아들여서는 안 된다. 화성이 아담해서 좋다고? 사실은, 화성은 너무 작기 때문에 생명체가 살기에 불리하다. 수십억 년 전에는 화성에 공기와 물이 많이 있었다. 아늑한 공기가 화성을 감싸고 있을 때에는 온도가 따뜻해 액체 상태의 물이 존재할 수 있었다. 그러나 화성은 작은 크기 때문에 중력이 작아서 공기를 계속 붙들어 둘 수가 없었다. 태양에서 날아온 자외선이 물을 수소와 산소 기체로 분해했고, 이들 기체는 약한 중력을 뿌리치고 우주 공간으로 빠져 나가기 시작했다. 그 결과, 오늘날 화성은 공기도 없고 아주 추운 장소로 변하고 말았다.

그런데…… 그건 또 뭔가요, 똑소리 씨?

똑소리 씨가 다음과 같은 메모를 전해 주었다.

> 그렇지만 너스레 씨의 말이 다 틀린 건 아닙니다.
> 녹에 관한 이야기는 사실입니다. 암석 속에 들어 있는
> 철이 녹스는 바람에 화성이 불그스름하게 보이는 겁니다.
> 직접 화성에 가서 보면 지구에서 보는 것보다 훨씬
> 붉어 보입니다!

그렇다면 화성에는 생명이 살고 있을 가능성이 있을까?

놀랍게도, 그 답은 "절대로 없다!"가 아니다. 내가 알기로는 그 답은 "음, 글쎄……."에 가깝다. 음, 여러분이 직접 판단하는 게 어떨까? 판사의 옷을 입고(그저 기다

란 가운이면 된다.) 법정(뭐, 여러분의 침실이라도 괜찮다.)의 의자에 앉은 다음, 우리의 최고 변호사인 과학자 두 사람이 각자 펼치는 주장을 듣기만 하면 된다.

똑소리 씨, 먼저 시작하시지요.

똑소리 : 화성에 생명이 산다고요? 터무니없는 소립니다! 화성에는 물도 없고, 너무 춥습니다. 바이킹호가 착륙해 토양을 분석한 결과에서도 생명의 흔적은 전혀 발견되지 않았습니다.

흰소리 : 이의 있습니다! 그 실험 결과에서는 미생물의 작용으로 보이는 화학적 변화가 나타났습니다.

똑소리 : 그것은 그저 단순한 화학 반응이었습니다.

변론 끝. 자, 여러분 생각은 어떤가?

좋습니다. 이번에는 화성에 생명이 살고 있다는 측 변론을 들어 보지요.

흰소리 : 비록 지금은 화성이 건조한 상태이지만, 한때 호수

와 강이 있었고, 물이 있는 장소에 생명이 살았습니다. 지금도 지하 깊은 곳에 얼음이나 액체 상태의 물이 있을지 모릅니다. 그리고 그곳에 미생물이 살고 있을지도 모릅니다. 지구에 살고 있는 미생물도 그다지 까다롭지 않습니다. 얼음이나 깊은 지하 속에서도 아무 불평 없이 잘 살아가지요.

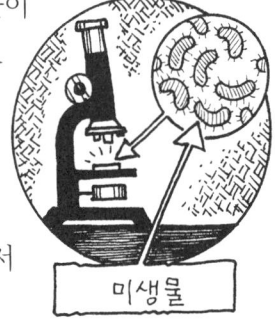

똑소리 : 이의 있습니다! 저 사람은 자꾸 '~지도 모릅니다'라는 표현을 남발하고 있습니다.

변론 끝. 자, 여러분 생각은 어떤가?

흰소리 : 1996년에 일부 과학자가 화성에서 날아온 운석 속에서 미생물 화석을 발견했습니다. 여기 그 증거물 A를 제출합니다!

똑소리 : 이의 있습니다! 그것은 그저 오래된 지저분한 암석일 뿐입니다. 그리고 미생물 화석이라고 자꾸 주장하는데, 너무 작아서 진짜 미생물인지 확실하지도 않습니다.

흰소리 : 그것은 미생물이 헤엄칠 때 사용한 섬모일지도 모릅니다. 암석 속에서 일어난 화학적 변

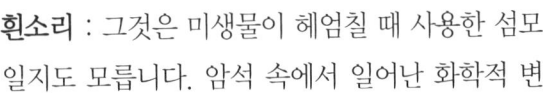

화는 미생물 때문에 일어난 것이라니까요!

변론 끝. 자, 여러분 생각은 어떤가?

똑소리 : 좋습니다. 말씀하신 게 바로 이거죠? 1932년에도 한 과학자가 화성에서 날아온 운석에서 미생물을 발견했다고 주장한 적이 있지요. 그런데 그 미생물은 사람의 콧물에서 옮겨진 것으로 밝혀졌습니다. 여기 그 증거물 B를 제출합니다.

흰소리 : 그것은 실수였습니다!

이제 변호사들이 최종 변론을 할 시간이 되었다.
똑소리 : 화성에 생명이 살 가능성은 전혀 없습니다. 한때 생명이 살았다 하더라도(물론 그 증거도 없지요), 지금 생명이 살고 있다고 말할 수는 없습니다!
흰소리 : 화성에 살고 있던 미생물이 암석에 묻어 지구로 날아와 그것이 지구에서 생명의 씨가 되었을 가능성이 있습니다. 그러니까 우리는 모두 화성에서 날아온 외계 생명체에서 시작된 것입니다!
똑소리 : 지금 저보고 화성에서 온 외계인이라고 주장하시는 겁니까?

흰소리 : 당신은 그것보다 더 지긋지긋해요!

자, 진정하세요! 이것은 그저 과학 논쟁일 뿐이고, 여기에 걸린 것은 단지 생명에 대한 우리의 이해와 우주 속에서 우리의 위치를 바라보는 시각뿐이니까요. 음, 말해 놓고 보니 그건 상당히 중요한 것이군요. 오, 저런! 참으시라니까! 조심해요, 똑소리 씨!

요건 몰랐을걸!

1995년, 제네바 대학의 미셀 마요르와 디디에 켈로즈는 페가수스자리 51번 별이 아주 미세하게 흔들리는 것을 발견했다. 그들은 이 흔들림이 그 별 주위를 도는 큰 행성의 중력 때문에 일어난다는 사실을 알아냈다. 그 후로 과학자들은 태양계 밖에서 외계 행성을 수십 개 이상 발견했다. 실제로 많은 별은 태양계처럼 주위에 행성을 거느리고 있는 것으로 보인다(2003년에는 거대한 별이 행성을 집어삼키면서 큰 폭발을 일으키는 장면도 포착되었다). 이 모든 것을 감안한다면, 우주 어딘가에 외계 생명체가 숨어 있을 가능성이 충분히 있다.

그렇지만 아직 확실한 증거는 없다구!

소행성대

앞에 소개한 논쟁은 끝이 없을 것 같다. 그러니 이제 논쟁은 그만 접고 다음 행선지인 목성으로 가기로 하자. 그런데 잠깐! 이게 뭐지? 누가 저 앞에 돌들을 던져 놓았지?

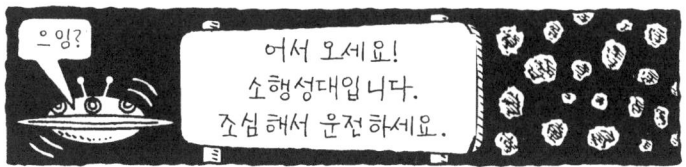

우주 공간에 소행성이라고 하는 큰 바위 덩어리들이 떠 있다고 이야기했던 거 기억나는가?

소행성은 100만 개 이상이나 되는 것으로 추정되며, 대부분은 화성과 목성 사이의 궤도에 떠 있다.

소행성에 관해 조사한 자료를 살펴보자.

태양계 X-파일

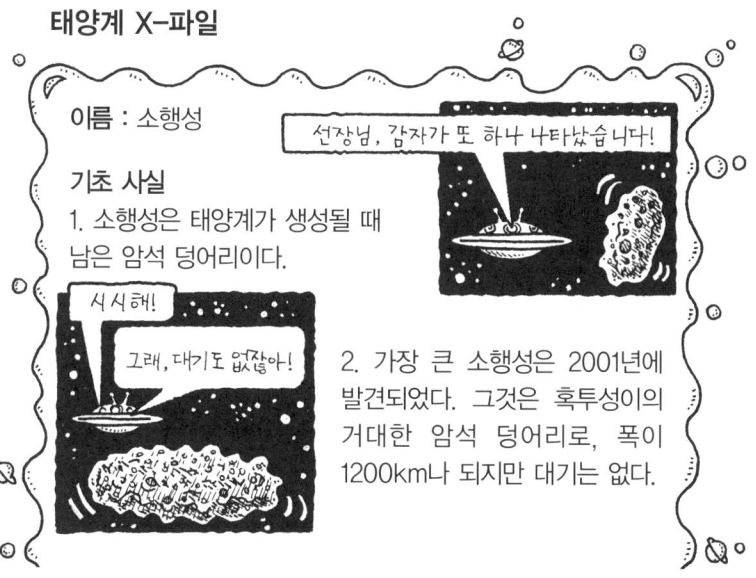

이름 : 소행성

기초 사실
1. 소행성은 태양계가 생성될 때 남은 암석 덩어리이다.

2. 가장 큰 소행성은 2001년에 발견되었다. 그것은 혹투성이의 거대한 암석 덩어리로, 폭이 1200km나 되지만 대기는 없다.

3. 소행성들을 전부 합치면 달 또는 그보다 큰 행성을 하나 만들 수 있다.

4. 불행하게도, 목성의 중력이 소행성들을 충돌시켜 부서지게 하기 때문에 소행성들은 뭉쳐서 행성이 될 기회를 얻을 수 없다. 불쌍한 소행성들!

5. 2000년에 과학자들은 개 뼈다귀처럼 생긴 소행성을 발견했다.

6. 소행성 중에는 두 암석 덩어리가 중력에 의해 느슨하게 붙어 있는 것도 있다. 심지어는 축구공 크기의 위성이 딸린 것도 있다.

특급 비밀 : 부자가 되고 싶은가? 많은 소행성에는 철이나 백금 같은 귀중한 광물이 묻혀 있다. 그 가치는 어마어마하다. 우주선을 소행성으로 보내 그 광물을 캐 온다면 여러분은 태양계 최고의 갑부가 될 수 있다(지금 너스레 씨가 바로 작업에 착수했다).

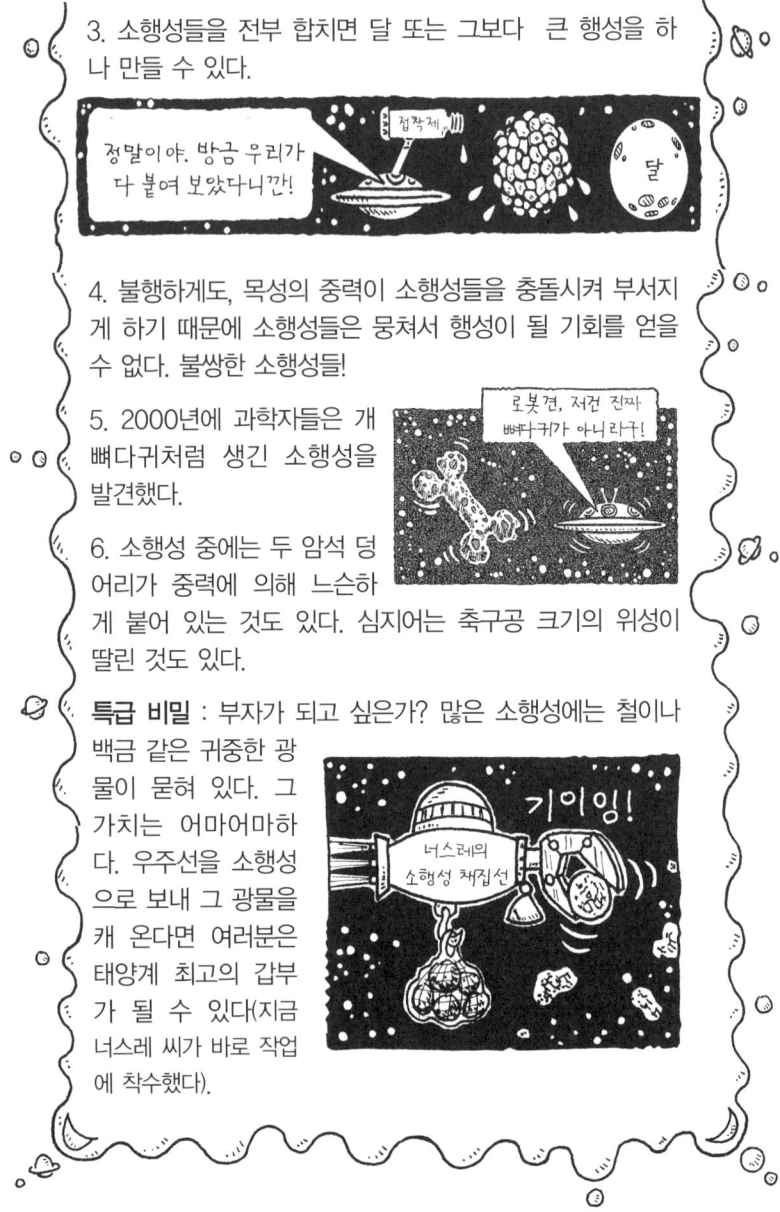

이름에 관한 퀴즈

소행성의 수가 너무나도 많기 때문에, 과학자들은 소행성에 일일이 이름을 붙여 주기도 귀찮아졌다. 다음 보기들은 소행성의 이름을 지을 때 그 이름을 따 온 대상이라는데, 사실이 아닌 것이 두 가지 섞여 있다. 어느 것일까?

1. 미스터 스폭. 1960년대에 방영된 텔레비전 연재물인 〈스타 트랙〉에 나오는 인물.
2. 푸딩의 일종
3. 어느 선박 회사 이름
4. 어느 팝 그룹
5. 유명 세제 상표

가짜
1. 미스 스폭이라는 이름의 소행성이 있는 것은 사실이다. 그렇지만 그 이름은 어느 천문학자가 기르던 고양이 이름에서 딴 것이다! 그 고양이 이름은 텔레비전에 등장한 그 인물에서 땄다고 한다. 그러니 이것을 답으로 골랐다면 반은 맞힌 것으로 해 주겠다.
5. 글쎄, 천문학자들도 여기에는 생각이 미치지 못했을걸.

진짜
2. 할라위는 레바논 사람들이 먹는 푸딩으로, 설탕과 참깨 가루와 레몬 주스를 섞어 만든다. 그렇지만 할라위라는 소행성을 덥석 깨물었다간 이빨이 남아나지 않을 것이다!
3. 하파그(Hapag)는 독일의 선박 회사 이름이다.
4. 그렇다! 이곳은 1960년대에 명성을 날렸던 팝 그룹을 우주에서 유일하게 아직도 볼 수 있는 장소이다. 레논, 매카트니, 해리슨, 스타 등 비틀스 멤버들을 모두 소행성에서 찾을 수 있다. 다만, 노래를 할 수 없다니 유감이다.

휴, 마침내 우리는 소행성대를 무사히 지나왔다. 자, 이제 태양계에서 가장 큰 행성인 목성을 향해 달려가자. 그렇지만 목성에 충돌하지 않도록 조심하라. 그랬다간 끔찍한 최후를 맞이할 것이다.

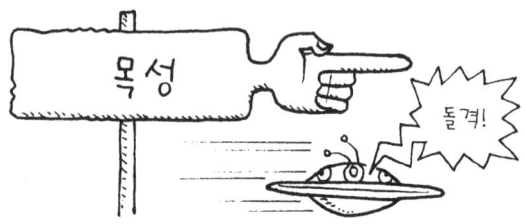

거인 목성과 멋쟁이 토성

만약 목성이 사람이라면 필시 갱단 두목이 되었을 것이다. 그리고 그 위성들은 똘마니가 되었겠지. 그럼, 태양계에서 가장 거칠고 난폭한 갱단을 만나 보자.

빅 J는 정말로 덩치가 거대한 갱이다. 그는 정말로 무시무시한 존재이기 때문에 우주 경찰이 그를 붙잡으려고 나섰다.

우주 경찰 소속 기막혀 형사의 사건 기록

나는 빅 J를 생생하게 기억하고 있다. 그는 태양계 암흑가의 거물 중의 거물이다. 빅 J는 쉽게 알아볼 수 있다. 거대한 덩치에 얼굴에 난 커다란 붉은색 반점이 특징이며, 허리둘레가 불룩한 걸로 보아 소행성을 너무 많이 잡아먹은 게 아닌가 싶다.

빅 J는 덩치가 엄청나게 커 중력도 아주 강하다. 주위에 4대

위성이라는 큰 위성 넷이 그를 호위하고 있다. 그 밖에도 조무래기 위성들이 여럿 있지만, 이것들은 목성 뒤를 졸졸 따라다니는 똘마니에 불과하다. 어쨌든 지금 빅 J가 4대 위성 중 하나인 이오에게 성질을 부리고 있다는 신고가 접수되었다. 불쌍한 이오는 빅 J의 중력 때문에 속이 녹아 가고 있다.

또 빅 J가 그 중력으로 소행성의 궤도를 바꾸어 지구를 향해 날아가게 한다는 혐의도 포착되었다! 빅 J는 내가 우주 범죄 수사관으로 살아오면서 겪었던 것 중 가장 비열하고 악랄한 악당이다. 빅 J는 항상 무장을 하고 있으며 위험하다. 그는 복사 총을 갖고 있다. 그것의 작동 원리가 무엇이냐고? 그런 걸 내게 물으면 어떡해? 난 그저 형사라고!

빅 J는 일종의 자기장을 사용해 태양에서 날아오는 복사를 붙잡는다. 그러고는 이 무시무시한 복사를 주위에 있는 위성들을 향해 마구 발사한다! 심지어는 이웃 행성인 토성을 향해서도 마구 발사한다! 빅 J를 처리하는 가장 좋은 방법은 감방에 가둬 놓고 열쇠를 먼 우주 공간으로 던져 버리는 것이다!

무슨 말인지 알겠는가?

목성은 여러분의 샐러드를 기웃거리는 민달팽이보다 더 반사회적인 존재이다.

자, 그러면 다시 외계인들이 우주 여행을 잘 하고 있나 돌아가 보자. 태양계 여행에 나선 그들은 이번에는 목성에 들렀다.

퉁가리와 함께 하는 태양계 환상 여행

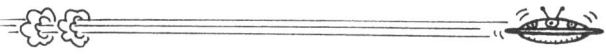

목성은 위험한 곳이다. 거기에 간다고 생각하니 갑자기 두통이 생긴다. 그러나 멍청한 코딱지족은 이해할 수 없는 이유를 대며 목성을 자세히 보고 싶다고 성화다! 이런! 벌써 너무 위험한 지점까지 다가가고 말았다!

태양계 X-파일

- 이름 : 목성
- 크기 : 지름 14만 km
- 지구와 비교한 크기 : 1321배나 큼.
- 지구와 비교한 표면 중력 : 약 2.5배나 강함.
- 위성 : 큰 위성이 네 개 있고, 그 밖에 작은 위성이 많이 있음. 작은 위성들은 소행성이 목성의 중력에 붙들린 것으로 추정됨.
- 자전 주기 : 9시간 51분
- 공전 주기 : 11.8년
- 대기 : 주성분은 수소이고, 헬륨도 일부 섞여 있다. 깊은 안쪽에서는 수소가 강한 중력에 짓눌려 액체 상태로 존재한

다. 착륙할 만한 딱딱한 표면이 없다.
- 일기 예보 : 꼭 붙잡아라! 큰 폭풍이 불어올 테니까. 대적점이라고 부르는 큰 폭풍은 300년 전부터 계속 불고 있는데, 오늘도 불 것이라고 나는 감히 예보하는 바이다. 목성에서 좀 떨어진 곳에 있다고 안전할 것이라 착각하지 마라. 목성에서 나오는 복사는 블러브 행성인을 분해할 정도로 강하다.
- 유익한 여행 정보 : 이 행성에 가까이 갈 생각일랑 일찌감치 버려라!

"이제 왜 갈 수 없는지 알겠지요?"

나는 안전한 거리에서 볼 수 있는 것들을 말해 주었다.
- 불룩 솟은 허리 부분 – 목성은 아주 빠른 속도로 자전하기 때문에 가운데 부분이 불룩 솟아 있다.
- 차가운 기체가 아래로 가라앉는 지역에서 구름들이 만들어 내는 어두운 색의 줄무늬.

"그런데 여기가 안전한 거리 맞아?"

- 대적점 – 이 폭풍 지역에서 부는 바람은 고층 건물을 넘어뜨릴 만큼 강하다. 가끔 대적점이 회색으로 변할 때가 있는데, 목성이 반점을 가리기 위해 화장품을 바른 것인지도 모르지. 스너크 스너크!

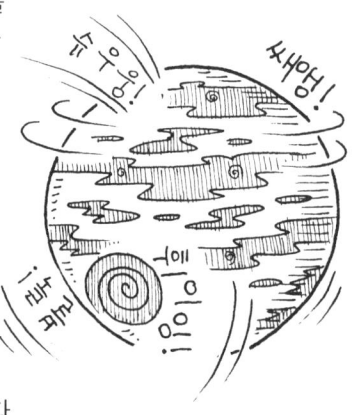

음, 불룩 튀어나온 허리, 커다란 대적점이라고 하니 질질이가 생각난다. 단, 그 여자는 붉은 반점이 아니라 초록색 반점이 나 있다.
코딱지족은 벌써 목성에 흥미를 잃고 세 눈으로 에우로파를 흥

미로운 듯 바라보고 있다. 그럼 그렇지!
 우리는 에우로파에 착륙해 우주 스케이트를 즐겼다. 코딱지 족은 스케이트를 무척 좋아하는데, 별다른 노력 없이도 잘 미끄러질 수 있기 때문이다.

 바로 그때, 소행성 하나가 날아오더니 얼음에 큰 구멍을 뻥 뚫어 놓았다. 그런데 질질이가 거기에
퐁 빠지고 말았다.

 얼음은 몇 km 두께로 얼어 있지만, 그 아래에는 깊이가 100km나 되는 바다가 있다. 질질이가 구멍 속으로 빠지자마자 차가운 우주 공간의 온도 때문에 물이 금방 얼어붙어 구멍이 막히고 말았다. 우

리가 할 수 있는 일이라곤 한 가지밖에 없었는데…… 그것은 그냥 손놓고 가만있는 것이었다.

훌쩍이가 하도 시끄럽게 굴어서 할 수 없이 나는 질질이 구출 작전에 나서지 않을 수 없었다. 우주선의 엔진을 가동하여 얼음을 녹인 다음, 질질이를 물속에서 꺼냈다.

그렇지만 차가운 물이 금방 얼어붙어 질질이는 얼음 덩어리 속에 갇힌 생선 신세가 되고 말았다. 얼음을 녹여 질질이를 꺼내고 나서 우리는 이만하면 에우로파 구경은 충분하다고 판단했다.

중요한 과학적 사실

과학자들은 에우로파의 바다에 생명이 살고 있을지도 모른다고 생각한다. 거기에 미생물이나 거대한 지렁이 (지구의 깊은 바다 속에 사는 것과 비슷한)가 살고 있을지도 모른다. 그러나 퉁가리는 그들을 찾아볼 생각도 하지 않았다. 실로 유감스러운 일이다!

기묘한 목성의 위성들

지렁이는 그렇다 치더라도, 목성의 위성들은 정말로 기묘한 구석이 많다. 오직 여러분을 재미있게 하기 위한 목적으로 괴상한 생각을 한번 해 보자. 목성의 위성들은 어떤 맛이 날까? 그럼, 이 책은 태양계 최초의 우주 요리책이 되나?

우주 요리책

은하계의 미식가 여러분, 안녕하세요? 배가 출출하다면 이번 기회에 아래에 소개된 이색적인 요리를 한번 맛보세요. 고리타분한 갱단 두목 목성이 원하는 방식대로 요리한 것입니다.

이오 피자
재료 :
암석 수천만 톤
황(기호에 따라 첨가)
수소

1. 재료들을 잘 섞은 다음, 자체 중력과 복사로 미리 가열해 둔 목성 가까운 곳(약 42만 1600km 떨어진 지점)에 둔다.
2. 46억 년 동안 내버려 두면, 목성이 재료를 조리해 돌을 물렁물렁하게 녹인다.

주의 사항 : 재료 혼합물의 온도가 아주 높아져(장소에 따라 최고 500°C까지) 안에 있는 내용물이 표면으로 부글부글 끓어오를 수 있다. 썩은 달걀 냄새가 나지만, 뭐 이것도 이 요리의 별미 중 하나이다.

에우로파 슬러시
재료 : 암석 수천만 톤, 지구의 모든 바다를 채울 만한 양의 물, 외계 미생물과 거대한 지렁이(여러분의 기호에 맞는다면).

1. 암석들을 공 모양으로 뭉친 다음, 물을 붓는다.

2. 바깥쪽이 얼 때까지 냉동시키되, 안쪽은 녹은 상태를 유지하게 한다.

그 밖의 다른 요리

좀 더 아삭아삭한 맛을 원한다면, 칼리스토 슬러시를 권하고 싶다. 얼음을 좀 더 많이 얼리고, 여기저기 갈라진 틈이 생기게 한다. 아니면, 그냥 간단히 암석과 얼음을 섞어 공 모양으로 만든 요리(가니메데 슬러시)도 괜찮다.
자, 그러면 색다른 목성 요리를 즐기기 바란다.

뭐라고? 목성의 위성 요리는 하나도 먹고 싶지 않다고? 싫음 관뒤라. 나는 두 번 권하는 사람이 아니다. 이제 목성을 떠날 시간이 왔다. 이번에는 토성을 방문하기로 하자. 마침 퉁가리 일행도 토성을 방문하고 있군.

퉁가리와 함께 하는 태양계 환상 여행

때마침 질질이가 토성 관광에 늦지 않게 얼음 덩어리 속에서 빠져 나왔다. 무뇌아인 이 외계인은 토성의 고리를 보고 고개를 갸웃갸웃한다.

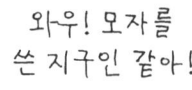

나는 한숨을 내쉬면서 코스모에게 토성에 관한 자료를 보여 달라고 요청했다. 코스모는 나 못지않게 긴 한숨을 내쉬면서 다음 자료를 보여 주었다.

태양계 X-파일

- 이름 : 토성
- 크기 : 지름 12만 500km
- 지구와 비교한 크기 : 646배나 크다.
- 지구와 비교한 표면 중력 : 지구의 1.16배밖에 되지 않는다. 엄청난 덩치에도 불구하고 표면 중력이 이렇게 작은 것은 토성이 대부분 가벼운 기체로 이루어져 있기 때문이다. 토성은 평균 밀도가 아주 작아서 물 위에 띄우면, 가라앉지 않고 둥둥 뜰 것이다.
- 위성 : 토성의 위성이 몇 개인지 세는 것은 지긋지긋한 일이다. 지름이 20km 이상인 것은 22개가 발견되었지만, 내 감지 장치에 포착되지 않고 숨어 있는 게 있을지도 모른다. 가장 큰 것은 타이탄으로, 지름이 5150km이다.
- 자전 주기 : 10시간 38분
- 공전 주기 : 29.5년
- 일기예보 : 긴급 경보! 풍속이 시속 1800km에 이르는 강풍이 불고 있다. 착륙할 만한 딱딱한 표면이 없으며, 뱃멀미나 비행기 멀미 혹은 둘 다 일어날 가능성이 높다.
- 유익한 여행 정보 : 거대한 바람막이를 가져가고, 비닐 봉지도 챙길 것.

멋진 토성 고리를 구경하고 나서 나는 코딱지족에게 토성 주위에 있는 고리가 수천 개 이상이나 되며, 각각은 얼음과 암석 부스러기로 이루어져 있다고 설명해 주었다. 이 파편들은 혜성의 잔해인지도 모른다. 위성들은 고리들 사이에서 궤도를 도는데, 위성들의 중력 때문에 고리들이 제자리를 지키고 있다.

갖가지 크기의 암석과 얼음 부스러기

그런데 자세히 보니 코딱지족은 내 말을 듣지도 않고 있는 것이 아닌가!

나는 이 잠꾸러기 코딱지족을 깨우기로 마음먹었다.

우리 블러브인은 연날리기를 무척 좋아한다. 그런데 토성의 바람은 생각보다 너무 셌다…….

퉁가리는 운도 좋지! 그렇게 가까이서 토성 고리를 보다니. 여러분도 가까이서 토성 고리를 보고 싶지 않은가? 물론 성능이 좋은 천체 망원경이 있다면 진짜 고리를 직접 볼 수 있다. 그렇지만 그런 망원경이 없는 사람을 위해 다음 방법을 소개한다.

직접 해 보는 실험: 토성의 고리 관찰
준비물 :

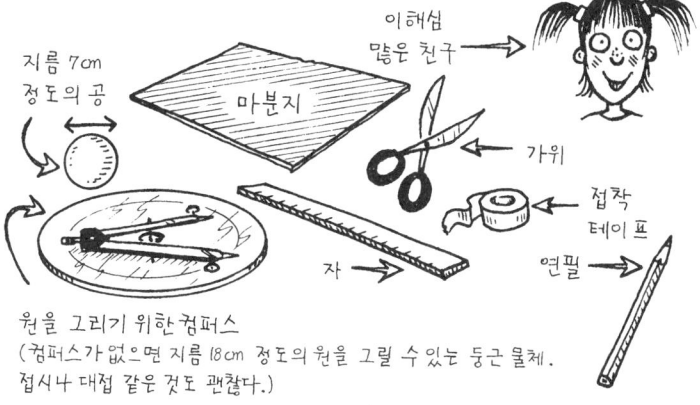

실험 방법 :

1. 컴퍼스나 둥근 물체를 이용해 마분지 위에 지름 18cm 정도의 원을 그린다. 이 원은 공보다 지름이 약 11cm 정도 더 커야 한다.

2. 아래 그림처럼 마분지 안쪽을 잘라 내어 고리 모양으로 만든다.

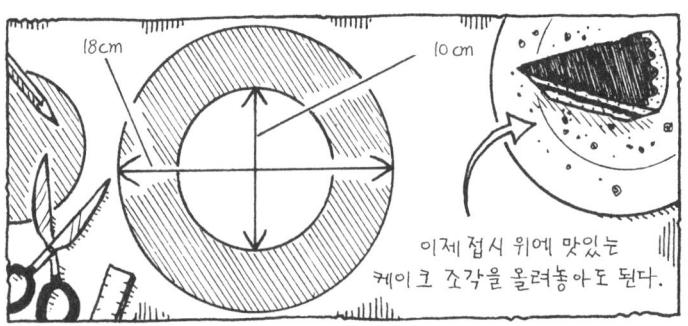

3. 접착 테이프를 사용해 고리를 공에다 붙인다.

4. 잘 했다. 지금 여러분이 만든 것은 바로 토성이다!

친구에게 토성을 들고 15미터쯤 떨어진 곳에 가서 서라고 한다. 그리고 토성을 똑바로 든 상태에서 조금씩 기울여 보라고 한다.

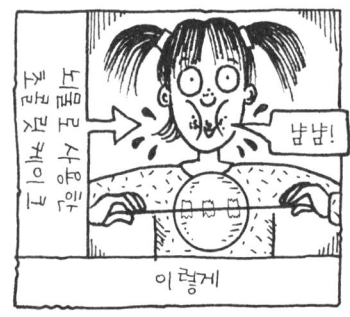

실험 결과 :

고리를 수평 방향으로 똑바로 들고 있을 때에는 여러분 눈에 고리가 보이지 않을 것이다. 고리가 너무 가늘고 멀리 떨어져 있기 때문이다. 실제 토성의 고리도 그렇다. 토성은 약간 기울어진 채 자전을 하고 있는데, 15년마다 한 번씩 지구에서 볼 때 고리가 사라진다. 우리가 보는 각도에서는 토성의 고리가 수평 방향으로 늘어서기 때문이다.

그렇지만 각도를 조금 달리해 보면 고리가 다시 나타난다.

요건 몰랐을걸!

토성의 고리들은 폭이 무려 27만 km나 되지만, 옆 방향에서 보면 두께가 30m밖에 되지 않는다. 만약 토성의 고리들을 거대한 축소 기계에 넣어 야구장만 한 크기로 축소시킨다면, 그 두께는 종이 한 장 정도로 얇아질 것이다.

그렇지만 이제 고리 이야기는 그만 하자. 방금 놀라운 소식이 들어왔다! 너스레 씨가 내게 태양계의 진기한 쇼를 관람할 수 있는 입장권을 팔았다. 그것은 토성의 기묘한 위성상 시상식인데, 헐리우드의 오스카상 시상식과 비슷하다.

토성의 기묘한 위성상

은하계의 큰 행사를 보기 위해 은하계의 모든 스타들이 총출동했다. 토성의 기묘한 위성상 각 분야별 수상자는 다음과 같다.

정신없는 위성상
야누스와 에피메테우스가 공동 수상의 영예를 안았다. 이들이 무슨 정신없는 짓을 하느냐고? 이 둘은 4년마다 한 번씩 갑자기 서로 궤도를 바꾸어 상대방의 궤도에서 돈다. 만날 같은 궤도만 도는 게 지겨워서일까?

못생긴 위성상
테티스가 수상했다. 이 위성은 전체 둘레의 절반에 걸쳐 기다란 균열이 나 있다. 위성 전문 성형외과에라도 가 봐야 하지 않을까?

맛있어 보이는 위성상
히페리온이 차지했다. 거대한 햄버거처럼 생겼으니까. 패스트푸드는 싫다고?

멋진 의상을 걸친 위성상
이아페투스가 받았다. 이아페투스는 얼룩말처럼 검은색과 흰색 줄무늬로 된 멋있는 의상을 걸치고 있다. 멋져요! 한 바퀴 빙 돌아 봐요!

이번에는 모두가 기다리던 순서이다!
바로 최고의 미치광이 위성상!

수상자는…… 두두두둥!
타이탄이다! 타이탄은 토성뿐만 아니라, 태양계 전체를 통틀어 가장 괴상한 위성이다. 다른 위성과는 달리 타이탄에는 상당한 양의 질소 대기가 있다. 이 대기는 주황색을 띤다. 타이탄에는 메탄 바다가 있을지도 모른다. 가끔 취사용 가스로 사용되거나 소 방귀에서 나오는 그 기체 말이다! 타이탄에 가까이 가면 냄새가 고약하지 않을까?

지난 40억 년 동안 저를 도와준 모든 이에게 감사드리고 싶어요. 그중에서도 특히 토성에게 감사드려요. 전 온도가 -180°C이기 때문에 많은 사람들이 제가 차갑다고 말하지만, 전 사실 친절하고 누구든지 따뜻하게 대해요. 단, 얼어 죽는 것을 개의치 않는다면 말이죠.

내 생각엔 여러분도 얼어 죽는 것에 개의치 않을 것 같은데? 앞으로 방문할 나머지 행성들은 엄청나게 추운 곳이다. 그래도 계속 따라오겠는가?

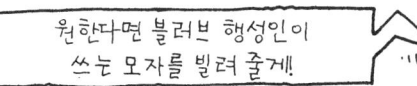

원한다면 블러브 행성인이 쓰는 모자를 빌려 줄게!

☀ 태양계 바깥쪽에 있는 괴짜 행성들 →

태양계가 정말로 멋진 점은 아무리 괴상하고 별나도 아무도 뭐라 하지 않는다는 점이다. 그중에서도 이 장에서 살펴볼 행성들만큼 괴상하고 별난 행성도 없을 것이다. 그 행성들은 바로 천왕성과 해왕성과 명왕성(참고로 명왕성은 2006년에 행성 자격을 박탈당했다.)이다.

예컨대 천왕성을 살펴보자. 천왕성은 태양에서 아주 멀리 떨어져 있다(28억 7100만 km). 이 별난 행성은 다른 행성들처럼 옆으로 빙빙 자전하는 것이 아니라, 곡예사가 공중제비 넘듯이 위아래 방향으로 빙빙 돌고 있다. 이런 괴상한 행성이라면 너스레 씨도 팔아먹기가 만만치 않을걸!

> 42년 동안 겨울이 찾아올 것입니다.
> 어쨌든 가격을 대폭 낮추어 단돈 110억 원만 받겠습니다. 이건 뭐 완전히 도둑질해 가는 수준이죠. 음, 저에게도 속으로 그렇게 말하고 있긴 합니다만.

음, 천왕성은 정말 흥미로운 행성인 것처럼 보인다. 그럼, 다시 외계인 관광단이 천왕성에 무사히 도착했는지 가 보자. 퉁가리는 태양계의 괴짜 행성, 천왕성을 어떻게 생각할까?

퉁가리와 함께 하는 태양계 환상 여행

이제 태양계 여행이 끝날 때가 거의 다 되어 간다. 아, 마침내 코딱지족과 헤어지다니 생각만 해도 날아갈 것 같다. 그렇지만 내 우주선에 그들이 잔뜩 묻혀 놓은 이 지저분하고 끈적끈적한 분비물을 언제 다 깨끗이 씻어 내나!

이번에 방문할 행성은 천왕성이지만, 그냥 옆을 지나가면서 보기만 할 것이다. 코스모가 천왕성에 관한 정보를 보여 주었는데, 착륙하기에 부적당한 행성 같다.

태양계 X-파일

- 이름 : 천왕성
- 크기 : 지름 5만 2000km
- 지구와 비교한 크기 : 63배나 큼.
- 지구와 비교한 표면 중력 : 지구보다 약간 약함.
- 위성 : 큰 위성은 5개가 있고, 작은 위성도 최소한 15개가 발견되었다.
- 자전 주기 : 17시간 12분

- 공전 주기 : 84일
- 대기 : 주로 수소이며, 헬륨도 약간 섞여 있음. 상층 구름에 섞여 있는 메탄 때문에 천왕성은 옅은 초록색으로 보인다.
- 일기 예보 : 바람이 좀 불 것이다. 그러나 풍속은 겨우 시속 300km에 불과하다. 토성의 바람에 비하면 산들바람이지 뭐.
- 유익한 여행 정보 : 착륙할 만한 딱딱한 표면이 없다. 그러니 착륙할 생각은 일찌감치 접어라.

솔직히 말해서, 나도 천왕성이 별로 마음에 들지 않았다. 그 색깔은 멀미를 하는 코딱지족을 떠올리게 한다. 그 위성들은 원치 않는 크리스마스 선물처럼 따분해 보인다. 나는 코딱지족에게 그중에서 가장 볼 만한 걸 보여 주었지만, 그것은 금방 지나갔다.

- 천왕성도 토성처럼 고리가 있다. 그렇지만 그 두께는 1.6km밖에 되지 않고, 검은색 돌로 이루어져 있기 때문에 잘 보이지 않는다.
- 한 위성(미란다)에는 경주 트랙처럼 생긴 홈들이 나 있다. 그중 하나를 갈매기 무늬라 부른다. 미란다는 소행성과 충돌해 산산조각났다가 중력에 의해 다시 합쳐진 것으로 보인다.

요건 몰랐을걸!

1. 천왕성의 위성 중 몇몇은 윌리엄 셰익스피어가 쓴 작품의 등장인물 이름을 따다 붙였다. 예를 들면, 티타니아와 오베론은 〈한여름밤의 꿈〉에 등장하는 작중 인물의 이름을 딴 것이다. 이 희곡에는 '보텀'(Bottom)이란 이름을 가진 직조공도 등장하는데, 과학자들은 그의 이름을 따다 붙이는 것은 피한 것 같다('엉덩이'란 뜻을 지니고 있으므로).
2. 퍽(Puck)이란 이름을 가진 위성도 있다. 퍽에는 로브, 부츠, 보글이란 이름을 가진 크레이터가 있다. 절대로 내가 지어낸 것이 아니다!

새로운 행성을 발견하는 방법

즉석 퀴즈! 새로운 행성을 하나 발견하는 데에는 얼마나 많은 과학자가 필요할까?

해왕성의 경우에는 상당히 많은 사람이 필요했다. 하기야 해왕성이 지구에서 아주 멀리 떨어져 있으므로 그럴 만도 하다. 그것은 풀밭에서 바늘 찾기만큼 어려웠다.

많은 사람이 오랫동안 애를 쓴 끝에 마침내 존 카우치 애덤스(1819~1892)와 위르뱅 르 베리에(1811~1877)라는 두 젊은 과학자가 해왕성을 발견했다. 우리는 두 사람을 각각 다른 방에 모셔 따로 그 이야기에 대해 물어보았다. 그 이야기는 1841년부터 시작되었다. 그때만 해도 천왕성 너머에 또 다른 행성이 있다는 것을 아무도 모르고 있었다.

	애덤스의 이야기	르 베리에의 이야기
1841년	난 천왕성 너머에 또 다른 행성이 있다고 생각했다. 천왕성은 이 행성의 중력 때문에 궤도 속도가 빨라지기도 하고 느려지기도 하는 것으로 보인다.	난 아직까지 아무 생각도 없다. 그러니 새로운 행성 같은 것에 대해서도 생각할 리가 없다.
1845년	나는 새 행성이 어디쯤 있을지 계산으로 알아냈다! 천문학자 조지 에어리에게 나 대신에 그곳을 찾아보라고 해야지.	천왕성 너머에 또 다른 행성이 있는 것 같다. 난 그 위치가 어딘지 알 것 같다. 나는 이것을 논문으로 써서 과학 학술지에 발표했다. 파리의 최고 천문학자들에게 이 행성을 찾아 달라고 부탁해야지.
1846년	크르르! 에어리는 일을 시작하지도 않았다. 내가 세 차례나 에어리를 방문했지만, 집에 붙어 있질 않았다.	크르르! 도대체 내 말이 말 같지 않나? 그들이 내 말을 무시한다. 그래서 베를린에 있는 천문학자 친구들에게 내가 계산한 것을 알려 주었다.

자, 그렇다면 해왕성을 발견한 사람은 누구일까?

a) 애덤스. 해왕성이 있는 위치를 최초로 알아낸 사람이니까.

b) 르 베리에. 그의 요청에 따라 탐사 작업을 한 끝에 행성이 발견되었으니까. 그리고 과학계에서 어떤 업적에 대한 영예는 과학 학술지에 최초로 논문을 발표한 사람에게 돌아가는 게 관례이다.

c) 독일 천문학자인 요한 갈레와 하인리히 다레스트. 어쨌든 직접 해왕성을 발견한 사람은 이 두 사람이 아닌가?

똑소리 씨, 말 좀 해 주시죠.

대부분의 천문학자들은 애덤스와 르 베리에가 공동으로 발견했다고 이야기합니다. 그러나 갈릴레이가 발견했다고 주장하는 사람도 있어요! 이 놀라운 이탈리아 과학자는 이들보다 훨씬 전에 망원경으로 해왕성을 보았지요. 그렇지만 갈릴레이는 그것을 행성이라고 생각하지 못하고, 그저 하나의 별이라고 생각했답니다.

어쨌든 애덤스와 르 베리에는 그 후에 서로를 만나 말은 통하지 않았지만 친구 사이가 되었다(르 베리에는 프랑스에서 가장 무례한 사람으로 알려져 있었으니, 애덤스가 르 베리에의 말을 알아듣지 못한 것이 오히려 친구가 되는 데 도움이 되지 않았을까?).

* 이 말은 프랑스어로 한 것이라 애덤스는 알아들을 수 없음.

어때? 해왕성을 발견하는 일이 결코 간단한 것이 아니었다는 걸 알겠지? 그런데 실제로는 내가 지금까지 이야기한 것보다 훨씬 복잡했다. 해왕성은 누구에게도 발견되길 원치 않는 행성 같았다.

애덤스 이전에도 천왕성 너머에 또 다른 행성이 있을 것이라고 생각한 사람은 많았지만, 아무도 해왕성을 발견하지 못했고, 아슬아슬하게 기회를 놓친 사람도 있었다.

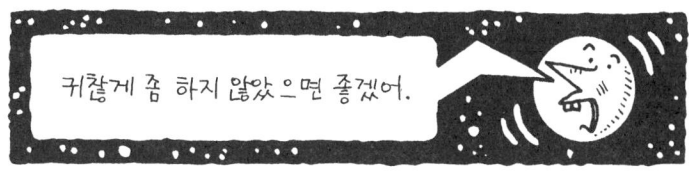

제임스 챌리스는 해왕성을 보았지만, 그것을 별이라고 생각했다. 해왕성을 가장 잘 볼 수 있었던 날 밤에 그는 친구와 함께 차를 마시고 있었다.

베를린 천문대장이던 요한 엥케(1791~1865) 역시 파티에 참석하느라 해왕성을 발견할 수 있는 기회를 날리고 말았다.

자, 그러면 다시 외계인 여행객에게 돌아가 보자. 그들은 해왕성을 찾는 데 어려움을 겪지 않았을까?

퉁가리와 함께 하는 외계인의 태양계 여행

코스모의 초고속 항해 시스템 덕분에 별 어려움 없이 해왕성을 찾을 수 있었다. 해왕성은 천왕성과 비슷해 보였다. 실제로 코딱지족은 두 행성을 구별하지 못했다.

나는 해왕성의 메탄 구름이 천왕성보다 더 눈에 띈다고 말해 주었다. 외계인은 누구든 그 차이를 알 수 있다. 얘네들, 외계인 맞아? 나는 코스모에게 해왕성에 관한 정보를 부탁했다. 그리고 코딱지족에게 주의를 기울여 들으라고 했다.

태양계 X-파일

○ 이름 : 해왕성
○ 크기 : 지름 4만 8000km
○ 지구와 비교한 크기 : 58배쯤 큼.
○ 지구와 비교한 표면 중력 : 지구와 천왕성보다 약간 더 강함.
○ 위성 : 모두 8개. 그러나 큰 것은 지름이 2705km인 트리톤뿐.
○ 자전 주기 : 16시간 6분
○ 공전 주기 : 165년
○ 대기 : 대부분 수소로 이루어져 있고, 헬륨이 약간, 메탄도 아주 조금 있다.
○ 일기 예보 : 기상 경보! 토성보다 훨씬 강한 바람이 불고 있음. 풍속이 시속 2000km에 이르니 그 연은 치우기 바람. 대기 상층부에는 메탄 눈이 있지만, 지상에 떨어지기 전에 다 녹음.
○ 유익한 여행 정보 : 만약 해왕성에 가까이 간다면, 네 컴퓨터 게임은 다 지워질 거야!

그래서 나는 또다시 안전한 거리에 머물면서 볼 만한 것을 설명해 주었다.

- 해왕성에는 고리가 4개 있다(그러나 어두워서 잘 보이지 않는다).
- 지구만 한 크기의 큰 폭풍이 불고 있는데, 이것을 대흑점이라 부른다. 대흑점은 해왕성의 자전 방향과 반대쪽으로 돌고 있다.
- '스쿠터'라는 이름의 구름이 있는데, 대흑점보다 훨씬 빠른 속도로 해왕성 주위를 돌고 있다.

- 트리톤은 태양계에서 모행성의 자전 방향과는 반대 방향으로 도는 유일한 위성이다. 분홍색 남극은 얼어붙은 질소로 이루어져 있고, 나머지는 얼음으로 뒤덮여 있다.

트리톤에 얼음이 있다는 이야기를 들은 코딱지족은 아니나 다를까 거기에 내려가겠다고 성화를 부렸다. 에우로파에서 신나게 스케이트를 탄 그들은 트리톤에서도 똑같은 놀이를 즐기려고 했다. 그러나 코스모가 트리톤의 온도는 영하 235°C라고 경고했다.

트리톤은 태양계에서 가장 온도가 낮은 장소이기 때문에, 그곳을 방문하는 것에 대해 안전을 보장할 수 없다고 했다. 그러나 코딱지족이 언제 남의 말에 귀를 기울이는 종족이던가?

결국 코딱지족은 얼어붙은 위성 위에 착륙해 스케이트를 실컷 즐겼다. 그때까지는 아무 문제가 없었다. 그러나 떠나야 할 때가 되자…….

몇 시간 뒤…….

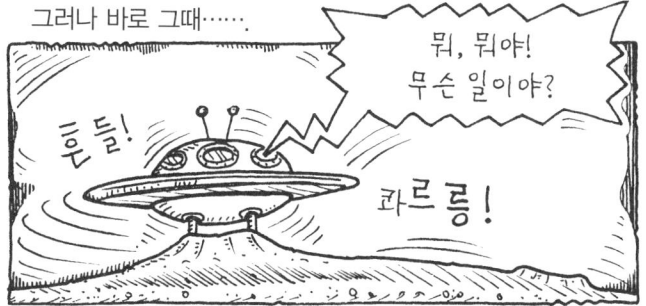

운 좋게도 우주선이 질소 간헐천 위에 앉아 있었다. 이곳은 땅속에서 액체 질소가 이따금씩 분출되는 구멍이다. 지구에서 뜨거운 물이 치솟아 오르는 간헐천과 비슷하다. 땅속에서 뿜어 나온 액체 질소는 기체로 변하며 우주선을 하늘 높이 밀어 올렸고, 그 덕분에 엔진을 가동할 수 있었다.

그래서 우리는 무사히 명왕성을 향해 출발할 수 있었다.

명왕성의 가장 큰 특징은 뭐니 뭐니 해도 엄청나게 멀리 떨어져 있다는 점이다.(앞에서도 언급했듯이 명왕성은 2006년에 행성 지위를 박탈당하고, 큰 소행성과 함께 '왜소행성'으로 분류되었다. 하지만 한때 태양계의 행성 자리를 차지하고 있었으니 예의상 알아두는 것도 나쁘지 않을 것이다.) 평균 거리가 51억 9300만 km나 되니까! 미국 과학자 클라이드 톰보(1906~1997)가 13년에 걸쳐 4500만 개의 별을 일일이 확인하면서 그중에서 행성처럼 움직이는 것이 있나 조사한 끝에 마침내 명왕성을 발견한 것도 이 때문이다. 그는 필시 목 디스크에 걸렸을 것이다.

어린이 독자들을 위한 재미있는 이야기

새로운 행성을 찾는 것보다 훨씬 어려운 일이 하나 있는데, 그것은 바로 새 행성의 이름을 짓는 것이다. 여러분 근처에 있는 어떤 장소에 대해 이름을 짓는다고 상상해 보라. 뭐, 여러분 친구 이름을 붙일 수도 있겠지……

고약한 냄새가 나는 연못엔 성질 나쁜 오빠나 동생 이름을 붙여도 된다. 가까이 가기도 싫은 쓰레기장에는 선생님 이름을 붙이든가…….

그러나 반드시 누군가를 여러분이 정한 이름에 시비를 걸 것이다.

톰보가 발견한 행성 역시 같은 문제에 휘말렸다.

97쪽에 나온 퍼시벌 로웰을 기억하는가? 로웰은 명왕성을 발견하지 못한 채 세상을 떠났는데, 그의 아내는 새로 발견한 행성 이름을 남편의 이름을 따 로웰로 정해야 한다고 주장했다. 그러다가 갑자기 생각이 바뀌었는지 자기 이름을 따 콘스턴스로 해야 한다고 주장했다.

그러나 로웰의 친구들은 콘스턴스의 아이디어가 마음에 들지 않았다. 그때까지 다른 행성들에는 고대 로마의 신 이름을 붙여왔다(화성에는 전쟁의 신인 마르스, 목성에는 신들의 왕인 주피터라는 이름을 붙였다). 〈뉴욕 타임스〉지는 지혜의 여신인 '미네르바'라는 이름을 추천했다.

이렇게 상황이 복잡하게 돌아가고 있을 때, 영국에서 어떤 사람이 아주 좋은 이름을 제안했다. 놀랍게도, 그 이름을 제안한 사람은 베네샤 버니라는 열한 살짜리 여자아이였다.

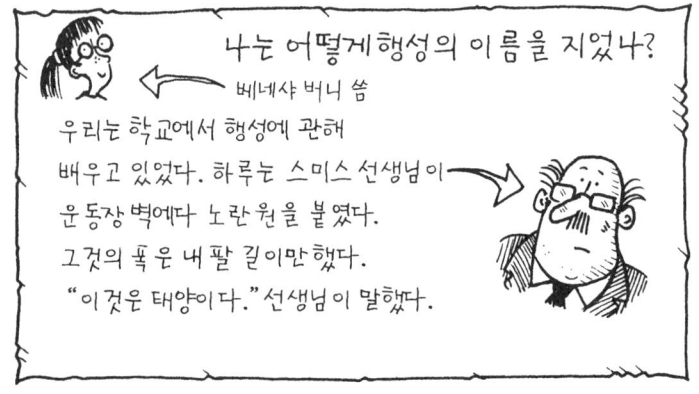

"그럼, 이제부터 걸어가면서 행성들이 태양에서 얼마나 멀리 떨어져 있는지 보기로 하자."
스미스 선생님은 우리를 데리고 운동장을 걸어가면서 발걸음 수를 세었다. 선생님이 너무 빨리 걷는 바람에 구두가 삐걱거리기 시작했다. 선생님은 30걸음을 걷고 나서 아주 작은 씨앗을 하나 놓았다.
"이건 수성이란다."
선생님이 헐떡거리며 말했다.
"설마요! 너무 작지 않아요?"
그때, 나는 태양에 비해 행성의 크기가 엄청나게 작다는 것을 알았다. 그리고 태양에서 아주 멀리 떨어져 있다는 것도. 선생님은 학교 밖 도로에 완두콩을 하나 놓고 그것을 지구라 했다. 거기서 태양을 바라보았더니 아주 작아 보였다. 그때 에이미가 실수로 완두콩을 밟아 버렸다.
"너, 지금 세상을 박살내 버렸어!" 내가 말했다.
"으아악! 머리 위에서 거인의 거대한 발이 내려와 우리를 납작하게 짓밟아 버렸어!"
우리는 도로를 죽 내려와 공원을 건너서야 토성에 도착했다. 태양계의 끝은 끝이 없어 보였다. 선생님은 증기 기관차처럼 씩씩거렸고, 구두에서는 생쥐 두 마리가 서로 시끄럽게 싸우는 것 같은 소리가 났다. 땀범벅이 된 토마토 같은 얼굴로 변한 선생님은 커다란 반점이 있는 손수건으로 이마를 닦았다.

"1019걸음!"
선생님은 가쁜 숨을 내쉬며 말했다.
"이 골프공이 토성이야!"
이제 우리 눈에는 태양이 보이지도 않았지만,
선생님은 진짜 토성에서 보면 태양은 밝은 별처럼
보인다고 말씀하셨다.
"틀림없이 토성은 몹시 추울 거야."
에이미가 몸을 떨며 말했다.
선생님은 시계를 들여다보면서 말씀하셨다.
"이제 그만 가기로 하자. 천왕성은 여기서 두 배 먼
거리에 있고, 해왕성은 세 배 먼 거리에 있어."
나는 선생님이 우리를 해왕성까지 걸어가게 하지
않아서 기분이 좋았다.

오후에 스미스 선생님은 고대 로마의 신들에
대해 이야기했다. 그때 나는 행성들의 이름이 신들의
이름에서 따온 것이라는 사실을 알게 되었다.
그런데 행성에 자기 이름을 붙이지 못한 신들도 있었다.

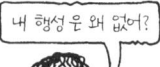

주피터　　　　비너스　　　머큐리　　　　플루토
(유피테르)　　(베누스)　　(메르쿠리우스)　(플루톤)

몇 주일 뒤에 새로운 행성에 관한 이야기를 처음 들었다.
엄마, 아빠, 할아버지와 함께 아침을 먹고 있을 때였다.

늘 그랬던 것처럼 할아버지는 큰 소리로 신문을 읽으셨고, 늘 그랬던 것처럼 따분한 이야기뿐이었기 때문에, 나는 요란하게 토스트를 씹었다. 아빠는 화난 표정으로 날 쳐다봤다.
"베네샤, 좀 조용히 먹지 못하겠니?"
아빠가 말씀하셨다.
바로 그때, 할아버지가 새로운 행성에 관한 기사를 읽으셨고, 나는 거기에 귀가 솔깃했다.

"이것은 아주 놀라운 발견이다."
할아버지가 계속 읽으셨다.
"그러나 천문학자들은 이 행성에 어떤 이름을 붙여야 할지 고민하고 있다. 이 행성은 태양에서 아주 멀리 떨어져 있다."

그 순간, 내 머리에 반짝 하고 아이디어가 떠올랐다.
"제 생각엔 플루토(Pluto: 명왕성)라는 이름이 아주 좋을 것 같은데요."
"입속에 음식을 넣은 채 말하지 마!"
엄마가 날카롭게 말했다.
플루토는 로마 신화에 나오는 지하 세계의 신인데, 지하 세계는 새로 발견된 행성처럼 춥고 어두운 곳이 아닌가!
그러자 할아버지는 흥미로운 표정으로 나를 쳐다보셨다.
"오, 이럴 수가!"
할아버지는 신문을 식탁에 내려놓으면서 말씀하셨다.

"정말 좋은 이름이구나! 그 이름을 적어 놓았다가 나중에 내 친구에게 전화해 보아야겠다. 유니버시티 천문대의 터너 씨 있잖니? 이 이름이 어떤지 물어 봐야겠다."
터너 씨는 그 이름이 너무나 마음에 들어 그 행성을 발견한 톰 보에게 전보를 보냈다. 톰 보와 동료 천문학자들도 그 이름이 마음에 들었고, 곧 새 행성의 이름으로 정했다.
행성 이름 짓는 거야 어려울 게 뭐 있나! 나는 또 새로운 행성이 발견되길 고대하고 있다. 그렇지만 그곳까지 걸어가는 것은 정말 싫다!

톰 보

요건 몰랐을걸!

만약 베네샤의 선생님이 아이들을 명왕성까지 걸어가게 했다면, 그들은 학교에서 3.7km 떨어진 곳에서 핀 대가리를 보았을 것이다. 그러니 진짜 명왕성을 찾기가 얼마나 어려웠을지 짐작갈 것이다! 더구나 명왕성은 궤도도 아주 특이해서 찾기가 더욱 어려웠다. 명왕성은 아주 길쭉한 타원 궤도를 돌기 때문에, 가장 멀게는 태양에서 73억 9000만 km까지 멀어지며, 때로는 해왕성의 안쪽 궤도를 돌기도 한다.

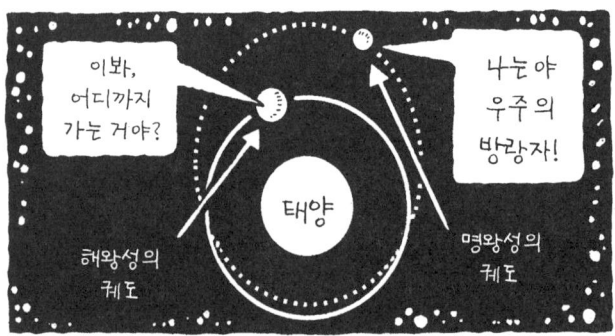

한편, 우리의 외계인 관광단은 멀고 먼 그 우주 공간을 날고 있다.

퉁가리와 함께 하는 태양계 환상 여행

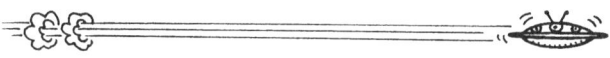

명왕성까지 날아가는 데 꼬빡 반나절이 걸렸다. 코딱지족은 5분이 지나자 좀이 쑤신 듯 견디질 못했다.

마침내 명왕성이 눈앞에 나타나자, 코딱지족은 실망을 감추지 못했다.

나는 코스모에게 명왕성에 관한 정보를 달라고 했다. 이번에는 코딱지족의 이야기가 맞다! 명왕성은 참 보잘것없는 행성이다.

태양계 X-파일

- 이름 : 명왕성
- 크기 : 지름 2300km
- 지구와 비교한 크기 : 지구 속에 명왕성을 차곡차곡 포개

넣는다면, 160개를 넣고도 약간의 공간이 남는다.
- 지구와 비교한 표면 중력 : 비교할 것도 없다.
- 위성 : 카론이라는 위성이 하나 있다. 카론은 명왕성이 한 바퀴 자전하는 동안 그 주위를 한 바퀴 돈다. 그래서 명왕성에서 카론을 보면, 항상 하늘의 똑같은 지점에 정지해 있다.
- 자전 주기 : 6일 10시간
- 공전 주기 : 248년
- 대기 : 메탄과 질소가 약간 있다.
- 일기 예보 : 아주 아주 추울 것이다. 영원히! 명왕성이 태양에서 가장 멀어졌을 때에는 대기가 모두 꽁꽁 얼어붙어 땅으로 떨어진다. 이것은 트리톤에서 차가운 소나기를 맞는 것보다 훨씬 심하다!
- 유익한 여행 정보 : 우주복을 반드시 챙겨 입고, 따뜻한 음료수를 많이 마셔라.

질질이의 심장(모두 8개)이 뛰는 걸 보아하니 명왕성에 가고 싶은 마음이 전혀 없는 것 같다.

어린이 독자들을 위한 특별 공연

명왕성이 시시해서 아무 재미도 없다고? 미안하다! 실망한 독자를 위해 특별 공연을 준비했다. 공연 내용은 과학적 댄스! 이걸 하고 나면 기분이 좀 풀릴 것이다. 또 명왕성과 카론이 왜 항상 서로를 마주 보고 도는지도 알게 될 것이다.

직접 해 보는 실험: 명왕성은 어떻게 자전을 하는가?

준비물 :

사람 두 명(부모님이나 선생님 같은 어른 한 사람과 여러분이 함께 하면 더욱 좋다)

멋진 음악

> **어린이 독자들에게 당부하는 주의 사항**
> 명왕성이 여러분 보다 크다는 사실만 알면 된다.
> 그러니 어른에게 몸무게가 얼마냐 고 묻지는 말도록.

실험 방법 :

1. 명왕성은 카론의 두 손을 꽉 붙잡아야 한다.
2. 음악을 튼다.
3. 서로 빙빙 돌며 춤을 춘다.

자, 파트너와 손을 잡으세요. 그리고 빙글빙글 돌며 춤을 춰봐요. 자, 돌고 돌고 돌아. 진짜 명왕성처럼 빙빙 돌아요!

실험 결과 :

야호! 신나지? 카론은 명왕성보다 더 큰 원을 그리며 빙빙 도는데, 이것은 명왕성의 중력이 더 크기 때문이다.

그런데 이전부터 많은 천문학자는 명왕성이 행성으로 봐 줄 수 없다고 주장해 왔다. 비록 위성도 딸려 있고, 대기도 약간 있지만, 너무 작아서 행성의 대열에 끼워 줄 수 없다는 것이다. 이 주장도 일리가 있다. 명왕성은 해왕성 너머의 우주 공간에 떠다니는 수만 개의 암석 덩어리 천체 중 하나이기 때문이다(그래서 결국 2006년 8월, 국제천문연맹은 명왕성을 태양계 행성에서 제외시켰다.). 천문학자들은 이 지역을 카이퍼대라 부른다.

> **요건 몰랐을걸!**
>
> 2002년에 과학자들은 카이퍼대에서 상당히 큰 소행성을 하나 발견했다. 지름이 명왕성의 절반쯤 되는 이 소행성에는 콰오아라는 이름이 붙었다. 오늘날의 로스앤젤레스 부근 지역에 살던 통바 부족의 신 이름에서 딴 것이다. 선생님이 여러분에게 화를 낼 때 내는 소리와 비슷하지 않은가?

자, 이것으로 태양계 행성 여행은 끝났다. 이 너머에도 태양계에 속하는 지역이 한참 뻗어 있지만, 오르트운을 만날 때까지는 볼 만한 게 별로 없다. 오르트운은 커다란 얼음과 암석 덩어리들이 모여 있는 지역으로, 태양에서 약 2광년 거리까지 뻗어 있다. 이것은 큰 눈뭉치가 여기저기 널려 있는 것 같다.

긴 꼬리를 자랑하는 혜성

오르트운은 엄청나게 먼 거리에 있지만, 이곳에 있는 눈뭉치 중에는 가끔 태양 가까이 다가오는 것도 있다. 이러한 눈뭉치를 우리는 '혜성'이라 부른다. 눈뭉치가 어떻게 혜성이 되는지 살펴보자.

1. 태양 가까이 있는 다른 별이 그 중력으로 오르트운에 있는 눈뭉치를 살짝 건드린다.

2. 그러면 아주 먼 궤도에서 태양 주위를 돌고 있던 눈뭉치의 궤도가 바뀌어 태양을 향해 다가오게 된다. 이제 진짜 혜성이 된 것이다.

3. 혜성은 태양에 가까워지면서 얼어 있던 물질이 녹기 시작하는데, 태양풍이 그것을 뒤로 흩날리게 하기 때문에 수백만 km나 되는 꼬리를 나부끼게 된다. 그래서 혜성의 꼬리는 항상 태양의 반대편을 향해 뻗어 있다. 태양에서 멀어져 갈 때에는 꼬리가 머리보다 앞서서 나아간다.

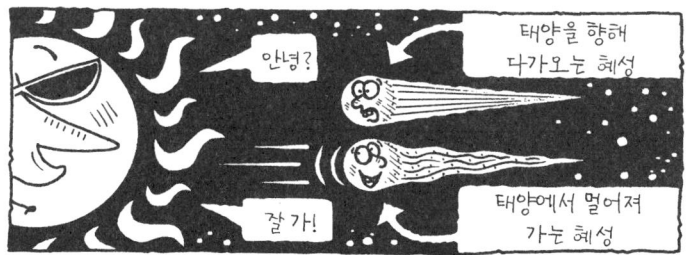

매년 지구는 공전 궤도를 돌면서 혜성이 남기고 간 먼지와 암석이 떠 있는 지역을 통과한다. 그러면 먼지나 암석이 지구 대기권으로 들어오면서 불타 밤하늘에서 별똥 쇼를 연출하는데, 이것을 유성우라 한다. 떨어지는 유성의 개수를 세어 보거나 그 다음번에 나타날 위치를 추측하면서 우주 쇼를 즐겨 보라. 유성우를 보기에 가장 좋은 시기를 몇 개 소개한다.

유성은 하늘 전체에서 볼 수 있지만, 특히 동쪽 하늘에서 많이 볼 수 있다.

혜성이 남기고 간 이 잔해들은 너무 작아서 지구에 아무런 해도 끼치지 않는다. 지구에 어떤 영향을 미치려면 상당히 큰 물체가 충돌해야 한다. 예를 들어 소행성 같은 것 말이다. 그렇지만 소행성이 지구에 충돌할 위험은 아주 낮다. 잠깐만! 여기서 다시 외계인 관광단에게 돌아가 보자. 퉁가리의 우주선에서는 어떤 일이 일어나고 있을까?

퉁가리와 함께 하는 태양계 환상 여행

코스모 컴퓨터의 긴급 경고!

거대한 소행성이 지구를 향해 다가오고 있습니다! 이것은 모든 생명의 종말을 초래할 수 있습니다!

오잉? 이것 참 흥미로운 이야기로군.

이런! 내가 너무 일찍 말했군! 지금 당장 페이지를 넘겨라. 그러지 않으면 세계의 종말을 볼 수 있는 기회를 놓칠 것이다!

얼른 지구로 돌아가서 봐요!

세계의 종말

지구 종말 시나리오처럼 영화 제작자의 흥미를 끌어당기는 소재도 많지 않다. 그런 영화를 만드는 데에는 어마어마한 예산과 큰 폭발과 놀라운 특수 효과가 동원된다. 그런데 실제로 그런 일이 일어날 수 있을까? 정말로 우주에서 날아온 큰 천체가 지구에 충돌할까? 자, 그럼 우리의 SF 영화에서는 어떤 일이 일어나는지 살펴보자.

위의 질문들에 대한 모든 답이 이 장 안에 들어 있다. 그러니 열심히 읽도록!

맨 먼저, 우주에서 날아온 천체가 지구에 충돌하는 사건을 다룬 영화는 모두 엉터리라는 점을 밝혀 두고 싶다. 엄밀하게 과학적으로 따지면, 그러한 시나리오는 한참 잘못되었다. 그런 일은 현실에서는 일어나지 않는다.

엉터리 SF 영화에 관한 퀴즈

다음은 너스레 씨가 파는 중고 DVD이다.

1. 다음에서 실제로 일어날 수 있는 이야기 다섯 가지와 절대로 일어날 가능성이 없고, 과학적으로도 터무니없는 이야기 세

가지를 찾아보라.

2. 다섯 가지 이야기 중 앞으로 100년 안에 실제로 일어날 가능성이 있는 것은 어느 것인가?

a) 행성들의 종말

행성들이 하늘에서 일렬로 늘어서는 사건이 일어난다! 행성들의 중력이 합쳐져 지구에 대지진과 대폭풍을 일으킨다! 이 사건은 2000년 5월 5일 오후 8시 8분에 일어날 예정이다. 그러니 침대 밑으로 숨는 게 좋을 것이다!

b) 징그러운 외계인의 침공

이들은 우리의 피자를 빼앗고, 우리를 젤리로 만들기 위해 외계 행성에서 날아왔다!

ⓒ 닥치는 대로 삼키는 식인 은하

거대한 은하가 우리 은하를 삼킨다! 그리고 지구는 그 중심에 있는 블랙홀 속으로 빨려 들어간다! 그곳은 죽음의 공포가 감도는 어둠의 세계이다.

별의 폭발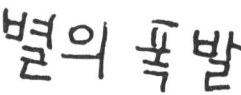

지구는 여느 때와 마찬가지로 평화롭기 그지없다. 그때, 갑자기 별이 폭발하면서 위험한 복사를 지구로 날려 보낸다. 그 복사는 대기를 웃음 가스로 변화시킨다.

ⓔ 이글이글 타오르는 태양

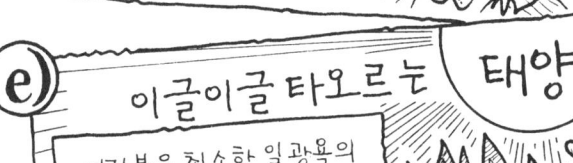

여러분은 최소한 일광욕의 극치를 맛볼 수 있을 것이다. 태양이 거대한 붉은 불덩어리로 변해 수성을 녹이고, 금성을 증발시키고, 지구를 집어삼킨다. 이 영화는 정말로 화끈하다!

하늘에서 쏟아지는 공포의 유성우

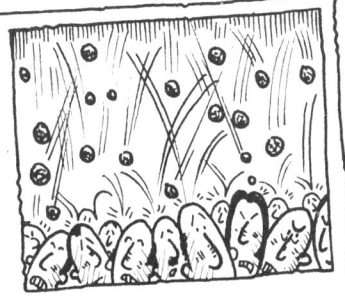

우주에서 날아온 돌들이 사람들 머리 위로 쏟아지면서 세상은 아수라장으로 변한다.

거대한 혜성의 충돌

거대한 혜성이 지구에 충돌하면서 수십억 명이 목숨을 잃는 아비규환의 장면이 생생하게 펼쳐진다!

소행성의 공격

거대한 소행성이 날아와 지구와 충돌하면서 세상의 모든 생물이 종말을 맞이하는 끔찍한 이야기!

> 답 :
> 1. 과학적으로 충분히 가능성이 있는 영화 - c), d), e), g), h). 가능성이 전혀 없는 영화 - a), b), f).
> 2. 앞으로 100년 안에 실제로 일어날 가능성이 있는 영화 - h).

이제 여러분은 왜 어떤 영화는 현실적으로 가능하고, 어떤 것은 채식주의자 뱀파이어처럼 불가능한지 그 이유가 알고 싶겠지? 똑소리 씨의 도움을 받아 그 답을 알아보자. 먼저 실현 가능성이 전혀 없는 영화부터 살펴보자.

지구를 멸망시킬 수 없는 방법 세 가지

1. 행성들의 정렬

2000년에 지구에서 볼 때 행성들은 일렬로 정렬한 것처럼 보였다. 실제로 어떤 사람들은 이때 행성들의 중력이 합쳐져 지구에 재앙을 일으킬 것이라고 걱정했다. 그래서 무슨 일이 일어났을까? 별다른 일은 일어나지 않았다. 행성들의 중력이 합쳐진 효과는 태양이나 달이 미치는 중력에 비해 훨씬 약했다.

2. 외계인 침공

똑소리 씨가 지적한 것처럼 외계인이 존재한다는 확실한 증거는 아직 없다. 설사 존재한다 하더라도, 무슨 재주로 우주를 수백 광년이나 건너 우리를 침공하러 오겠는가? 설사 그런 재주가 있다 하더라도, 뭐 하러 우릴 침공하려 하겠는가? 그 정도로 똑똑한 외계인이라면, 필요한 것은 무엇이든 만들 수 있을 텐데 말이다.

3. 유성우

매년 우주에서 지구로 떨어지는 돌이 2만 톤이나 된다는 이야길 들으면 깜짝 놀랄지 모르겠다. 그 대부분은 소행성 부스러기이다. 이러한 돌이 대기 중에 들어와 불타면서 밝게 빛나는 것이 유성이고, 대기 중에서 다 타지 않고 땅에 떨어진 것이 운석이다. 그러나 걱정할 것 없다. 대부분의 유성은 땅에 닿기 전에 타 버리고 만다. 운석에 맞아 죽은 동물은 1911년에 이집트에서 죽은 개 한 마리가 유일하다.

지구를 멸망시킬 수 있는 네 가지 방법(그러나 100만 년 안에는 일어날 가능성은 없음)

1. 블랙홀 속으로 빨려 들어갈 가능성

이 영화에서는 다른 은하가 우리 은하를 집어삼키는데, 충분히 가능성 있는 이야기다! 실제로 중력으로 다른 은하를 끌어당겨 집어삼키는 식인 은하(나는 이 용어가 참 마음에 든다!)가 있다. 사실, 우리 은하도 현재 궁수자리 왜소 은하라는 작은 은하를 잡아먹고 있기 때문에 식인 은하다!

우리 은하가 잡아먹힐 가능성도 있다. 안드로메다 은하가 우리를 향해 시속 48만 km로 다가오고 있다. 두 은하가 만나면 서로 합쳐져 더 큰 은하가 될 것이다. 많은 은하(우리 은하도 포함해서)의 중심에는 블랙홀이 있는데, 두 은하가 충돌할 때 일부 별들이 각 은하의 블랙홀 속으로 빨려 들어갈 가능성이 있다. 뭐, 무서워할 것 없다. 안드로메다 은하는 30억 년이나 지난 후에야 도착할 테니까. 그러니 이 책을 다 읽고 나서 숨을 곳을 찾아도 늦지 않다.

2. 거대한 별의 폭발

만약 가까운 데서 거대한 별이 폭발한다면, 지구에 종말이 닥칠 것이다. 폭발하면서 날아온 강한 복사는 지구의 공기를 일산화이질소, 곧 웃음 가스로 변화시킬 것이다. 그러면 아주 재미있는 일이 일어날 것 같지? 문제는 그 복사가 우리를 산 채로 태워 죽이고, 바다를 부글부글 끓게 만든다는 것! 그렇다고 로켓을 타고 다른 행성으로 가려고 서둘 필요는 없다. 가까이에 있는 별 중 폭발 조짐을 보이는 별은 아직 하나도 없다. 그러니 최소한 수억 년간은 안심해도 된다.

3. 태양의 팽창

태양은 너무 작아서 큰 별처럼 폭발을 일으키지는 않는다. 그렇지만 크기가 점점 부풀어 올라 나중에는 지구를 태워 버릴 수도 있다. 그 끔찍한 시나리오를 자세히 살펴보자.

태양이 수소 연료를 전부 다 사용하고 나면, 중심부가 수축하기 시작한다.

태양 중심부에 남은 물질이 크게 압축되면서 온도가 급격히 올라간다.

그러면서 태양의 바깥 부분이 풍선처럼 크게 부풀어 오른다.

태양은 크게 부풀어 오르면서 열이 식어 붉은 빛을 내기 시작한다. 그렇지만 아직도 우리를 검게 그을린 햄버거처럼 태울 만큼 온도가 높다. 태양의 바깥 부분은 우주 공간으로 날아가고, 중심부는 계속 수축하여 백색 왜성, 즉 꺼져 가는 작은 별이 된다. 저런! 아직도 공포에 질려 있는가? 안심하라. 이러한 일은 50억 년이나 지난 후에야 일어날 테니까.

4. 혜성 충돌

혜성은 커다란 눈뭉치와 같다고 했다. 따라서 지구에서 살아가는 것은 악당들이 던지는 눈뭉치를 요리조리 피하면서 살아가는 것과 비슷하다. 어떤 눈뭉치는 지름이 5km 이상이나 된다. 그렇지만 대부분의 혜성은 우리에게서 수백만 km 이상 벗어난 곳을 지나가기 때문에, 지구에 혜성이 충돌할 확률은 5억 년에 한 번 정도에 지나지 않는다. 그런데 아직도 충분히 실현 가능성이 있는 영화가 한 편 남아 있다.

소행성 충돌!

지구에는 인류 전체를 멸망시키고도 남을 만한 큰 소행성이 수억 년에 한 번씩 충돌한다(휴, 그렇게 자주는 아니군!). 그렇지만 과학자들은 지구가 탄생한 이래 그동안 충돌한 소행성은 모두 300만 개는 된다고 추정한다. 그리고 도시를 파괴할 만한 규모의 소행성은 수백 년에 한 번꼴로 충돌했다고 한다. 다행히도, 여러분이 살고 있는 도시를 비켜가긴 했지만…….

똑소리 씨는 〈소행성 충돌!〉이란 영화의 과학적 내용에 큰 감명을 받아 너스레 씨에게서 DVD를 한 장 샀다.

오, 저런! 너스레 씨에게 당했군요. 할 수 없다. 다시 외계인 관광단의 모험 이야기로 돌아가는 수밖에. 아까 거대한 소행성이 지구를 향해 다가가고 있다는 데까지 이야기했지? 그것은 총알의 두 배 정도 되는 속도로 날아가고 있다. 자, 드디어 지구에 위기의 순간이…….

퉁가리와 함께 하는 태양계 환상 여행

우리는 인간들이 어떻게 하고 있나 살피기 위해 지구인의 텔레비전 방송을 보았다.

소행성이 지구를 향해 다가오고 있습니다!

지름이 10km인 이 소행성이 지구와 충돌한다면, 지구에 있는 모든 생물은 살아남을 수 없을 것입니다.
10 KM

충돌의 위력은 전 세계에 있는 모든 핵폭탄을 터뜨리는 것과 맞먹습니다. 그렇지만 염려 마세요. 설마 세상이 끝장날 리가 있겠습니까? 음, 하기야 그럴지도…….

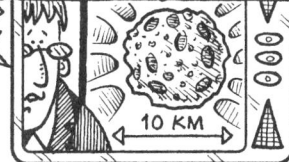
충돌시 예상 장면

자, 이번에는 일기를 예보해 드리겠습니다.

고온

충돌 지점에서 사방 1000km 이내 지역은 매우 덥겠습니다. 음, 실은 온도가 엄청 높아 머리카락이 홀라당 다 타고, 눈알이 녹아내릴 것입니다. 이크! 어서 도망가야겠다!

나는 멀찌감치 떨어진 곳에서 그 장면을 구경하면 무척 재미있을 것이라고 생각했다. 그런데 코딱지족의 생각은 달랐다.

영문을 모르겠지만, 어쨌든 코딱지족은 소행성이 지구와 충돌하지 않게 막아야 한다고 주장했다. 그래서 내가 레이저 광선으로 소행성을 폭파시키려고 하자, 코스모가 황급히 나를 막았다.

긴급 경고!

그 단추 누르지 마세요! 소행성이 산산조각나면, 그 파편들이 지구에 떨어져 더 큰 해를 입힐 수도 있습니다. 대신에 지구인 과학자들이 생각한 방법을 시도해 보세요.
1. 소행성 근처에서 폭탄을 폭발시켜 궤도를 바꾼다.
2. 소행성에 로켓을 착륙시킨 다음, 한쪽 방향으로 강하게 추진시킨다.
3. 공기를 가득 채운 거대한 베개로 소행성을 후려친다(이 아이디어는 2002년에 한 과학자가 제안한 것임).

우리에겐 폭탄도 로켓도 거대한 베개도 없다. 그래서 나는 가만히 앉아서 쇼를 구경하는 게 최선이라고 판단했다. 그런데 코딱지족이 다른 아이디어를 생각해 냈다.

왜! 지구 시간으로 정확하게 1000년 만에 질질이가 좋은 아이디어를 내놨다. 게다가 그것은 충분히 실현 가능한 것이었다.

만세! 외계인이 지구를 구했다! 이들은 진정한 우주의 영웅이다. 고향으로 돌아가면 어떤 대접을 받게 될까?

퉁가리와 함께 하는 태양계 환상 여행

나는 블러브 행성으로 돌아가 영웅으로 환영받았다. 그런데 기분 나쁘게도 코딱지족이 나보다 더 훌륭한 영웅으로 칭송받았다!

우리는 성대한 환영 파티에 초대되었다. 그렇지만 적어도 나는 그 자리에서 망신을 사진 않았다!

끝맺는 말

 이렇게 하여 우리는 다시 우리의 파란 행성으로 돌아왔다. 태양계 어디를 둘러봐도 우리의 고향만 한 곳은 없다. 사실, 지구는 인간이 살 수 있는 유일한 행성이기도 하다. 자, 이제 모든 행성을 둘러보았으니, 어디서 살고 싶은가? 지구를 떠나 다른 곳에서 살고 싶은 생각이 드는가?

 어린이 독자들은 우주라고 하면 생각하기도 싫은 선생님이 떠오른다고 말할지 모르겠다. 우주는 아주 크고 위험하고, 또 사라지지도 않고 영원히 곁에 존재한다. 그렇지만 우주는 또한 아름답고 놀라운 장소이기도 하다. 무엇보다도, 아직 알려지지 않은 새로운 사실이 많이 남아 있다. 이 책은 영화로 시작해서 이야기로 끝났다. 그러나 실제 우주 모험은 이제 막 시작되고 있다. 가까운 미래에 다음과 같은 것들이 많이 생길지도 모른다.

- 탐험할 새로운 행성들
- 연구할 새로운 별들
- 그리고 심지어는 만나 볼 새로운 친구들?

앗, 시리즈 (전 70권)

수많은 교사와 학생들이 한눈에 반한 책.

전 세계 2천만 독자의 인기를 독차지한 〈앗, 시리즈〉는 수학에서부터 과학, 사회, 역사까지, 공부와 재미를 둘 다 잡은 똑똑한 학습교양서입니다.

수학
- 01 수학이 모두 모여 수군수군
- 02 수학이 수리수리 마술이
- 03 수학이 수군수군
- 04 수학이 또 수군수군
- 05 수학이 자꾸 수군수군 1. 셈
- 06 수학이 자꾸 수군수군 2. 분수
- 07 수학이 자꾸 수군수군 3. 확률
- 08 수학이 자꾸 수군수군 4. 측정
- 09 대수와 방정맞은 방정식
- 10 도형이 도리도리
- 11 섬뜩섬뜩 삼각법
- 12 이상야릇 수의 세계
- 13 수학 공식이 꼬물꼬물
- 14 수학이 꿈틀꿈틀

과학
- 15 물리가 물렁물렁
- 16 화학이 화끈화끈
- 17 우주가 우왕좌왕
- 18 구석구석 인체 탐험
- 19 식물이 시끌시끌
- 20 벌레가 벌렁벌렁
- 21 동물이 뒹굴뒹굴
- 22 화산이 왈칵왈칵
- 23 소리가 슥삭슥삭
- 24 진화가 진짜진짜
- 25 꼬르륵 뱃속여행
- 26 두뇌가 뒤죽박죽
- 27 번들번들 빛나리
- 28 전기가 찌릿찌릿
- 29 과학자는 괴로워?
- 30 공룡이 용용 죽겠지
- 31 질병이 지끈지끈
- 32 지진이 우르쾅쾅
- 33 오싹오싹 무서운 독
- 34 에너지가 불끈불끈
- 35 태양계가 티격태격
- 36 튼튼탄탄 내 몸 관리
- 37 똑딱똑딱 시간 여행
- 38 미생물이 미끌미끌
- 39 의학이 으악으악
- 40 노발대발 야생동물
- 41 뜨끈뜨끈 지구 온난화
- 42 생각번뜩 아인슈타인
- 43 과학 천재 아이작 뉴턴
- 44 소름 돋는 과학 퀴즈

사회 · 역사
- 45 바다가 바글바글
- 46 강물이 꾸물꾸물
- 47 폭풍이 푸하푸하
- 48 사막이 바싹바싹
- 49 높은 산이 아찔아찔
- 50 호수가 넘실넘실
- 51 오들오들 남극북극
- 52 우글우글 열대우림
- 53 올록볼록 올림픽
- 54 와글와글 월드컵
- 55 파고 파헤치는 고고학
- 56 이왕이면 이집트
- 57 그럴싸한 그리스
- 58 모든 길은 로마로
- 59 아슬아슬 아스텍
- 60 잉카가 이크이크
- 61 들썩들썩 석기 시대
- 62 어두컴컴 중세 시대
- 63 쿵쿵쾅쾅 제1차 세계 대전
- 64 쾅쾅탕탕 제2차 세계 대전
- 65 야심만만 알렉산더
- 66 위풍당당 엘리자베스 1세
- 67 위엄가득 빅토리아 여왕
- 68 비밀의 왕 투탕카멘
- 69 최강 여왕 클레오파트라
- 70 만능 천재 레오나르도 다 빈치

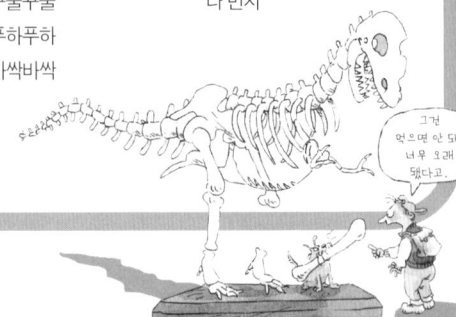